W0185183

RITUELS FEEL GOOD
BY MON CAHIER

PENSÉE POSITIVE

— CÉCILE NEUVILLE —

ILLUSTRATIONS INTÉRIEURES :
SOPHIE DELANNOY

SOLAR
EDITIONS

SOMMAIRE

Introduction

Attention, ceci est un concentré de good vibes ! Ce livre, c'est la petite dose de magie qui va vous transformer en cette fille lumineuse, ouverte, positive, qui rayonne intérieurement et ça se voit à l'extérieur. Vous en rêvez, de vous sentir bien dans votre corps, votre tête et votre vie, mais ça vous semble impossible ? Vous pensez qu'être cette fille solaire n'est pas dans vos gènes, ou que votre vie est trop sens dessus dessous pour vous permettre d'être en harmonie ? Qu'il y a trop de travail à faire sur vous pour parvenir à être aussi positive ? Sans compter les contrariétés, le stress, le blues ou les mauvaises ondes des autres qui vous plombent…

STOP ! Tout le monde a le X-factor du bonheur, eh oui ! Il est temps de reprendre le contrôle sur vos pensées et sur votre vie grâce à la psychologie positive. Le principe ? Développer les qualités que nous possédons et qui nous rendent heureux, se focaliser sur les belles choses de la vie, cultiver les pensées positives et mettre en place des petits rituels qui nous font plaisir.

Votre objectif : devenir la reine de la positive attitude, voir le verre à moitié plein et la vie en rose !

Profiter de chaque instant, saisir les petits bonheurs de la vie, vous sentir bien, en phase avec vous-même… ça rend la vie magique ! En cultivant votre positive attitude, vous allez non seulement booster votre confiance en vous, mais aussi améliorer toutes vos relations. Et en actionnant le mode « abondance positive », vous déborderez de vitalité et commencerez réellement à vivre votre vie de rêve. Alors, mettez des étoiles dans votre vie !

TEST

Quelle positive-girl êtes-vous ?

Vous avez conscience que vous pourriez vous focaliser davantage sur ce qui vous rend heureuse et que cela vous permettrait de vivre une vie vraiment plus épanouie, mais connaissez-vous vraiment votre niveau d'optimisme ? Faites-vous partie de celles qui rayonnent de bonheur et révèlent en un battement de cils le meilleur de chacun ? De celles qui savent rester zen, qui ont *a priori* tout pour être heureuses, mais qui, pourtant, n'arrivent pas à profiter des moments de bonheur ? Ou bien de celles qui stressent et se plaignent à la moindre occasion ? Que vous manque-t-il pour devenir une véritable positive-girl ? Faites le test !

Quelle est votre énergie au réveil ?

□ Fatiguée. Pas facile de sortir du lit !

△ Tranquille, vous appréciez les moments l'un après l'autre.

○ En pleine forme, vous avez hâte de profiter de votre journée !

Que ressentez-vous face à votre reflet dans le miroir ?

○ Vous vous trouvez belle et rayonnante, ça fait du bien !

□ Aïe ! Quelle horreur ! Vous évitez au maximum le miroir…

△ Un petit coup de brosse et de maquillage et ça ira !

Votre boss vous offre une promotion :

△ Vous êtes ravie, mais vous vous demandez si vous serez à la hauteur.

○ Génial, vous allez fêter ça avec vos potes et votre famille !

□ Vous êtes suspicieuse : ça doit cacher quelque chose.

Une amie a oublié de vous souhaiter votre anniversaire :

○ Elle se rattrapera demain quand elle y pensera !

△ Ça arrive, ce n'est pas la fin du monde.

□ Déçue, vous ne pouvez pas vous empêcher de lui en vouloir.

Vous devez monter un meuble, mais vous ne savez pas par où commencer :

△ Vous ferez de votre mieux, ce sera déjà bien.

□ Vous paniquez et vous vous énervez en relisant la notice dans tous les sens.

○ Vous allez y arriver, c'est sûr, quitte à faire appel à un ami !

L'avion de vos vacances est en retard :

△ Vous patientez, il finira bien par arriver.

○ Une belle occasion de boire un cocktail en terrasse pour fêter le début des vacances !

□ « Ça y est, c'est le début des catastrophes, ça promet… »

On vous décrit souvent comme une nana :

□ Triste, distante et/ou bizarre ?

△ Sympa, gentille et/ou agréable ?

○ Rayonnante, bienveillante et/ou pétillante ?

À quelle fréquence prenez-vous soin de vous ?

○ Souvent, et avec grand plaisir !
□ Pas assez souvent.
△ De temps en temps.

FAITES LES COMPTES !

○	□	△

Vous avez une majorité de □ : *Vous avez la stress attitude !*

Pour le moment vous voyez la vie plutôt en gris et vous en avez marre. Vous voulez plus de good vibes dans votre vie, vous voulez vivre une vie plus joyeuse et positive, renforcer votre confiance en vous et votre estime de vous-même. Vous avez besoin de prendre soin de vous et, surtout, d'apprendre à profiter ! Le rythme effréné de votre vie et le stress vous empêchent de voir les belles choses qui existent déjà dans votre quotidien. Mais, avec ce cahier, vos journées rimeront bientôt avec bien-être et plaisirs ! Un pas après l'autre, faites de votre mieux !

Vous avez une majorité de △ : *Vous avez la cool attitude !*

Vous voyez déjà un peu la vie en rose, mais ce n'est pas encore suffisant pour vous sentir pleinement épanouie et comblée ! Il vous manque un petit quelque chose, une étincelle qui ferait pétiller vos yeux et votre cœur et ce cahier va vous aider à la révéler en vous ! Bientôt, vous aurez la sensation que la vie est magique et ressentirez de la gratitude pour chaque instant.

Vous avez une majorité de ○ : *Vous avez la happy attitude !*

C'est génial, vous voyez déjà la vie en multicolore ! Vous appréciez l'instant présent en pleine conscience, profitez déjà de la vie, et c'est ce qui vous a attirée vers ce cahier ! Car vous savez que pour maintenir et renforcer toujours plus votre positive attitude, il faut l'entretenir en permanence. Bravo ! Amusez-vous bien !

EN MODE GOOD VIBES !

C'est décidé, vous voulez donc plus de positif dans votre vie. Le problème, c'est que répéter chaque jour « Je vais bien, tout va bien » en appliquant la méthode Coué… vous avez quelques doutes. Eh oui, ce n'est pas si simple ! Alors de quoi parle-t-on précisément ? Pensée positive ? Psychologie positive ? Quelle différence ? Et comment ces techniques vont-elles pouvoir vous aider ?

Mais au fait, c'est quoi la pensée positive ?

Je vais bien, tout va… bien ?

La positive attitude est souvent associée à la fameuse méthode Coué. Le pharmacien et docteur Émile Coué est en effet considéré comme le père de la pensée positive par l'autosuggestion. Il invitait ses patients à répéter devant un miroir 20 fois par jour le mantra suivant : « Tous les jours, à tous points de vue, je vais de mieux en mieux. » Si cette méthode a encore aujourd'hui un franc succès, elle a aussi ses limites. Et des chercheurs en psychologie positive canadiens ont mis en évidence ces fameuses limites ! Ils ont confirmé par leurs études que l'autosuggestion positive améliore l'humeur des individus ayant déjà une bonne estime d'eux-mêmes, mais pas celle de ceux qui ont une faible estime d'eux-mêmes. S'ils ne croient pas à ce mantra qu'ils répètent sans cesse, ils se sentent même encore moins bien qu'avant !

Et la psychologie positive alors, quèsaco ?

Mais alors, comment développer une pensée positive ? Martin Seligman, le père de la psychologie positive, a identifié des conditions et pratiques qui développent réellement cet état d'esprit favorisant l'épanouissement personnel et le bonheur. Selon sa théorie du bien-être, 6 points sont essentiels :

Développez vos émotions positives !

Multipliez les occasions de ressentir chaque jour de belles émotions comme l'amour, la joie, le rire, la tendresse, l'émerveillement, l'enthousiasme ou la gratitude.

Menez une vie engagée !

Relevez régulièrement de nouveaux défis, sortez de votre zone de confort et multipliez les activités qui mobilisent votre plein potentiel !

Développez vos relations positives !

Prenez soin de vos relations, avec bonté, altruisme et empathie. Veillez à maintenir quelques solides relations sur la durée, pour vous sentir aimée, soutenue et entourée en toute

circonstance, même quand vous êtes seule.
Et multipliez les moments de rires partagés, de tendresse, de complicité et d'amour.

Menez une vie pleine de sens !

Multipliez les occasions d'agir en accord avec vos valeurs, vos ambitions, et en ayant la sensation de contribuer à quelque chose de plus grand que vous : faites du bénévolat, participez à des actions de solidarité ou réduisez votre impact écologique !

Célébrez vos réalisations !

Fixez-vous des objectifs et nourrissez vos ambitions pour réaliser des choses qui vous procurent un sentiment d'accomplissement. S'efforcer d'atteindre ces objectifs peut déjà vous procurer de la satisfaction et un sentiment de fierté, et l'accomplissement vous envahira lorsque l'objectif sera atteint. Puis célébrez vos réalisations : les grandes comme les petites, toutes ont leur importance !

Boostez votre vitalité !

Quelques années plus tard, de nouvelles recherches sont venues compléter ce modèle en y ajoutant une sixième clé de l'épanouissement : la vitalité !
Pour ça, prenez soin de votre corps et de votre santé, sans attendre d'être mal pour mieux dormir, mieux manger et mieux bouger ! Abordez la vie avec enthousiasme et énergie, vivez la vie comme une aventure pour vous sentir vivante !

Tout le monde peut le faire !

50 % de votre positive attitude provient de votre héritage génétique et familial, 10 % seulement dépendent directement de votre environnement (votre lieu de vie, votre culture, votre apparence physique, votre niveau de richesse, votre état de santé, votre âge, votre genre, votre ethnie, votre religion ou la météo). Donc, si 60 % de votre positive attitude ne dépendent pas de vous, cela vous laisse une marge de manœuvre de 40 % pour développer votre optimisme ! Et c'est justement à ce niveau-là que ce cahier va pouvoir vous aider !

Objectif positive attitude !

Alors que la psychologie traditionnelle essaie de guérir la souffrance, la psychologie positive propose tout simplement de booster vos talents et vos forces pour vivre plus heureuse. Ce cahier va donc vous accompagner dans la recherche de vos talents, de vos forces et de vos solutions pour mener cette vie plus agréable, engagée et pleine de sens ! Fini, de passer votre temps à cacher vos imperfections et fragilités, il est temps de révéler vos capacités et de profiter pleinement de chaque instant ! Vous détenez en vous le germe de la positive attitude, c'est le moment de le cultiver !
OK, même en étant 100 % positive, vous serez toujours amenée à rencontrer des difficultés. Le monde reste le même, l'existence ne deviendra pas tout à coup un conte de fées. Mais votre nouveau regard positif vous permettra aussi de transformer un problème en opportunité ! Et tout sera plus simple…

5 bonnes raisons de booster ma positive attitude

1. Pour illuminer mes journées!

Vous en avez marre de passer votre temps à râler, à ruminer des pensées déprimantes et sans fin ? C'est bien normal ! Rappelez-vous ces belles journées durant lesquelles tout se déroule à merveille, rappelez-vous ces périodes de votre vie durant lesquelles vous étiez si bien que même les mauvaises nouvelles vous donnaient de la motivation… Et imaginez une vie entière dans cette énergie, jour après jour ! C'est ce que vous pouvez obtenir en développant votre positive attitude : une succession de belles journées, même en cas de pluie, d'orage ou de tempête ! Vous allez enfin vraiment profiter des petits bonheurs et de l'instant présent !

2. Pour être pleine de peps!

En développant votre optimisme, vous allez booster la production de vos hormones de bien-être qui contribuent aussi à votre bonne santé. La positive attitude va renforcer votre système immunitaire, vous aider à mieux dormir et donc à être en pleine forme. Bye bye les tensions physiques, le stress, les migraines et la dépression. Place à la vitalité ! Des nombreuses études ont même démontré que les optimistes vivent jusqu'à 10 ans de plus et en meilleure santé !

3. Pour prendre de bonnes décisions!

Quand vous faites le choix d'être plus positive, vous le faites non pas en fonction des circonstances, mais quelles que soient les circonstances. En adoptant la positive attitude, vous vous sentirez plus forte et plus sûre de vous pour prendre les meilleures décisions pour vous-même et votre propre bien-être. Fini, le mode victime, vous ne subirez plus les événements ! Vous serez guidée par vos besoins, ceux des autres, mais aussi par vos valeurs et motivations. Vous avez la pression au bureau ? Vous saurez enfin l'exprimer clairement afin de trouver une solution qui convienne à votre boss et respecte votre rythme et votre vie perso !

4. Pour améliorer ma sociabilité!

C'est souvent la peur d'être jugée, rejetée, abandonnée ou de décevoir qui empêche de nouer des relations harmonieuses. La pensée positive est un formidable moyen de s'affirmer et elle vous rend plus sympathique et attrayante : votre compagnie va être non seulement de plus en plus appréciée, mais aussi très vite recherchée. Vous allez renouer avec des personnes chères à votre cœur, mais aussi en rencontrer de nouvelles. Sans oublier que l'optimisme est contagieux… vous allez donc rayonner et faire du bien à tout votre entourage. C'est merveilleux, non ?

5. Pour mieux surmonter les difficultés!

Avec la pensée positive, vous allez aussi développer votre résilience, c'est-à-dire votre capacité à gérer vos émotions et à rebondir après des événements traumatisants. Votre optimisme vous permettra de surmonter plus facilement les difficultés de la vie, vous ne verrez plus de graves problèmes, mais des défis à relever et, au-delà, des opportunités cachées. Et même si vous tombez, vous vous relèverez bien plus vite, car vous saurez repérer plus rapidement les solutions pour vous sortir de toute mauvaise passe.

Mes rituels positifs

Votre objectif nécessite un profond changement susceptible de se heurter à quelques résistances plus ou moins conscientes de votre part. Une méthode douce et efficace pour un changement progressif réside dans la mise en place de rituels positifs, c'est-à-dire d'habitudes qui motivent, apaisent, stimulent, enthousiasment ou génèrent toutes formes d'émotions agréables sur le moment et ayant un rôle positif sur le long terme.

Le pouvoir des rituels

Un rituel est une action que l'on reproduit régulièrement et que l'on charge d'une intention particulière : c'est ce qui la distingue des habitudes. Il est important pour l'efficacité du rituel qu'il soit effectué en conscience, c'est-à-dire en lui offrant toute son attention, et en y ancrant l'intention de prendre soin de soi, de son corps, de son esprit et de ses émotions. Cela en fait donc un moment particulier, que l'on distingue du quotidien. Afin que les rituels positifs quotidiens proposés dans ce cahier produisent leur effet, veillez donc à :

▻ **les faire tous les jours ou régulièrement du moins :** la répétition crée dans le cerveau de nouveau circuits neuronaux. Les activer régulièrement produit un résultat exponentiel, donc plus vous pratiquez de rituels positifs, plus facilement vous boosterez vos good vibes. Alors que, pour un nombre équivalent de pratiques moins régulières, les effets sur votre positivité seront moindres;

▻ **les ritualiser,** c'est-à-dire en faire des moments spéciaux. Pour cela, inventez une petite routine préparatoire : installez-vous dans votre fauteuil favori avec un bon thé, faites quelques respirations, par exemple, puis ouvrez votre livre et faites les exercices du jour. Si possible, calez ce moment dans votre agenda, pour être certaine de ne pas le zapper et pour vous en réjouir à l'avance. Le planifier toujours à la même heure vous assurera d'en faire une habitude. Le top : l'associer à un rituel déjà bien établi, comme votre goûter. Ainsi vous serez sûre de ne pas l'oublier, cela ne constituera pas une obligation supplémentaire;

▻ **y ancrer une intention.** Dites-vous bien que vous les faites pour vous, pour votre bien-être et votre bonheur. C'est un moyen de prendre soin de vous, de vous offrir de l'amour et de la bienveillance!

Les rituels de pensée positive

Ce livre propose pour chaque jour deux types de rituels :

▻ **du journaling :** ce sont les pages à compléter, composées de listes à remplir, de réflexions à mener puis à retranscrire par écrit. Le rituel ne consiste pas tant dans le contenu de l'exercice que dans sa mise en œuvre quotidienne : lister vos qualités n'est certes pas un rituel quotidien, mais prendre chaque jour en main votre cahier pour faire des listes, noter ce qui vous rend positive, faire une collection de petits bonheurs, ça l'est. Le journaling consiste en un rituel d'écriture quotidien. Et nous avons compilé pour vous le meilleur et le plus fun du journaling !

▻ **des rituels de bien-être :** massages, méditations… ces exercices pratiques vous permettront de mettre en œuvre la pensée positive dans votre vie.

Le pouvoir des listes

Une partie des rituels de journaling proposés dans cet ouvrage consistent à faire des listes. C'est une méthode de développement personnel reconnue : lister ce qui nous anime, ce que nous aimons, ce qui nous rend heureuse et positive convoque ces émotions positives au moment où nous l'écrivons. Cela nous aide à en prendre conscience, les rassemble et les ancre en nous. Mieux : cela donne envie de mettre en œuvre le contenu de cette liste pour booster notre bonheur !

Le pouvoir des mind maps

Organiser de manière visuelle et synthétique ses listes, ses idées, a aussi son importance. Cela permet au cerveau de mieux assimiler les informations et de les retenir grâce à la mémoire visuelle. En plus, c'est plus joli, plus amusant, ça donne davantage envie de faire son rituel de journaling !

MON BILAN DE DÉPART

Avant de vous lancer dans une nouvelle aventure, il est important de savoir d'où vous partez. Vous pourrez refaire ce test au bout des 3 semaines de rituels positifs pour mesurer leur impact sur votre bonheur !

Suis-je une personne positive ?

À combien évaluez-vous votre niveau de pensée positive à l'heure actuelle ?

☆ ☆ ☆ ☆ ☆ ☆ ☆ ☆ ☆ ☆

1 2 3 4 5 6 7 8 9 10

Prouvé par la science !
Les facteurs comme l'humeur du moment, la météo du jour ou l'environnement influent directement sur les réponses à ce type d'auto-évaluation subjective. Mais ces distorsions disparaissent dès lors que vous en prenez conscience. Donc, pour répondre le plus objectivement possible, soyez attentive à votre humeur, à la météo, à votre environnement et à leur impact sur vous. Avant d'écrire, prenez trois respirations profondes. Vous avez les idées plus claires ? Alors, allez-y, répondez le plus sincèrement possible !

Mon bilan émotions

La pensée positive est naturellement associée aux émotions plutôt agréables, mais ce sont pourtant souvent les émotions les moins agréables qui prennent le dessus et nous empêchent de voir la vie en rose. Pour vous motiver, rien de mieux que de mesurer objectivement votre équilibre émotionnel actuel. Pour cela, complétez les deux tableaux qui suivent et visualisez le nombre de pictos coloriés qui représentent d'abord vos émotions les plus agréables, puis les plus désagréables : ce sera beaucoup plus parlant !

Mes émotions agréables

Notez les 3 émotions que vous avez le plus ressenties et, pour chacune d'elles, évaluez sa fréquence, sa durée et son intensité moyennes. Illustrez vos réponses en coloriant le nombre de pictos correspondants.

ÉMOTION AGRÉABLE N° 1 :	**Sa fréquence :** 1 fois par mois ☆☆☆☆☆☆☆☆☆☆ Plusieurs fois par jour **Sa durée :** Quelques secondes ☆☆☆☆☆☆☆☆☆☆ Plusieurs années **Son intensité :** Très faible ☆☆☆☆☆☆☆☆☆☆ Très élevée

ÉMOTION AGRÉABLE N° 2 :	**Sa fréquence :** 1 fois par mois ☆☆☆☆☆☆☆☆☆☆ Plusieurs fois par jour **Sa durée :** Quelques secondes ☆☆☆☆☆☆☆☆☆☆ Plusieurs années **Son intensité :** Très faible ☆☆☆☆☆☆☆☆☆☆ Très élevée
ÉMOTION AGRÉABLE N° 3 :	**Sa fréquence :** 1 fois par mois ☆☆☆☆☆☆☆☆☆☆ Plusieurs fois par jour **Sa durée :** Quelques secondes ☆☆☆☆☆☆☆☆☆☆ Plusieurs années **Son intensité :** Très faible ☆☆☆☆☆☆☆☆☆☆ Très élevée

Mes émotions désagréables

Notez 3 émotions que vous n'aimez pas ressentir et, pour chacune d'elles, évaluez sa fréquence, sa durée et son intensité moyennes.

ÉMOTION DÉSAGRÉABLE N° 1 :	**Sa fréquence :** 1 fois par mois ϟϟϟϟϟϟϟϟϟϟ Plusieurs fois par jour **Sa durée :** Quelques secondes ϟϟϟϟϟϟϟϟϟϟ Plusieurs années **Son intensité :** Très faible ϟϟϟϟϟϟϟϟϟϟ Très élevée
ÉMOTION DÉSAGRÉABLE N° 2 :	**Sa fréquence :** 1 fois par mois ϟϟϟϟϟϟϟϟϟϟ Plusieurs fois par jour **Sa durée :** Quelques secondes ϟϟϟϟϟϟϟϟϟϟ Plusieurs années **Son intensité :** Très faible ϟϟϟϟϟϟϟϟϟϟ Très élevée
ÉMOTION DÉSAGRÉABLE N° 3 :	**Sa fréquence :** 1 fois par mois ϟϟϟϟϟϟϟϟϟϟ Plusieurs fois par jour **Sa durée :** Quelques secondes ϟϟϟϟϟϟϟϟϟϟ Plusieurs années **Son intensité :** Très faible ϟϟϟϟϟϟϟϟϟϟ Très élevée

Mon bilan happy body

La psychologie positive a démontré que, pour vivre une vie pleinement épanouie, il nous faut aussi vivre une vie pleine de vitalité, c'est-à-dire en pleine santé, avec beaucoup de peps et de bien-être ! Un bon sommeil, un corps tonique et détendu et une alimentation saine sont des bases essentielles à votre positive attitude !
Évaluez sur une échelle de 1 à 10 chacun des items suivants, en ajoutant un « + » à côté si vous êtes plutôt en progression sur ce point actuellement, et un « – » si, au contraire, vous avez plutôt tendance à régresser (par exemple : 5+ signifie que, sur cet item, je vais de mieux en mieux, alors que 5– signifie que je dois être vigilante sur ce point).

			En progression ou en régression ?
Mon alimentation	• Petit déjeuner équilibré	☐☐☐☐☐☐☐☐☐☐	
	• Déjeuner équilibré	☐☐☐☐☐☐☐☐☐☐	
	• Dîner équilibré	☐☐☐☐☐☐☐☐☐☐	
	• En-cas en journée	☐☐☐☐☐☐☐☐☐☐	
	• Quantités raisonnables	☐☐☐☐☐☐☐☐☐☐	
	• Qualité saine des aliments	☐☐☐☐☐☐☐☐☐☐	
	• Pas trop gras	☐☐☐☐☐☐☐☐☐☐	
	• Pas trop sucré	☐☐☐☐☐☐☐☐☐☐	
	• Pas trop salé	☐☐☐☐☐☐☐☐☐☐	
Mon activité physique	• Réveil corporel	☐☐☐☐☐☐☐☐☐☐	
	• Marche quotidienne (5 000 pas par jour)	☐☐☐☐☐☐☐☐☐☐	
	• Sport doux (yoga, Pilates, stretching…)	☐☐☐☐☐☐☐☐☐☐	
	• Sport d'équipe (volley, tennis, badminton…)	☐☐☐☐☐☐☐☐☐☐	
	• Sport cardio (running, vélo, body attack…)	☐☐☐☐☐☐☐☐☐☐	
	• Sport de renforcement musculaire (fitness…)	☐☐☐☐☐☐☐☐☐☐	
	• Au moins 2 ou 3 séances par semaine	☐☐☐☐☐☐☐☐☐☐	
	• Plaisir dans le sport	☐☐☐☐☐☐☐☐☐☐	

			En progression ou en régression?
Mon sommeil	• Heure du coucher • Heure du lever • Quantité de sommeil • Qualité de l'endormissement • Qualité du sommeil • Énergie au réveil • Énergie dans la journée		
Ma santé	• Temps de respiration • Santé physique générale du corps • Comportement avec l'alcool • Comportement avec le tabac • Comportement avec les médicaments		
	Votre score total de vitalité :	.... **/260 points**	

Résultats :

Vous avez obtenu moins de 100 points de vitalité?

Reprendre votre hygiène de vie est l'une de vos priorités! La positive attitude repose beaucoup sur notre énergie vitale. Mais rassurez-vous, il n'est jamais trop tard pour reprendre sa forme en main! Objectif : redevenir pleine de peps!

Vous avez obtenu entre 101 et 160 points de vitalité?

Vous avez déjà de bonnes habitudes, mais vous pouvez encore mieux faire! Un nouvel élan de vitalité qui va vous donner encore plus l'envie de profiter de la vie.

Vous avez obtenu plus de 160 points de vitalité?

Vous avez une hygiène de vie exceptionnelle et vous pouvez en être fière! Bravo! Continuez ainsi tout en vous inspirant des idées proposées dans ce cahier pour booster encore et toujours votre vitalité!

Semaine 1

Les petits BONHEURS SONT PARTOUT !

Selon une étude américaine, seulement 50 % de notre temps est consacré à vivre vraiment l'instant présent. Pratiquer la « mindfulness », ou pleine conscience, consiste à porter volontairement son attention sur le moment présent, sur soi et sur le monde. Selon le professeur Jon Kabat-Zinn, vivre en pleine conscience, c'est embrasser la vie telle qu'elle est, sans jugement, et rester à l'écoute bienveillante de vos pensées, de vos émotions, de votre corps, des autres et du reste du monde. L'objectif ? Prendre conscience des petites beautés en vous, de toute la positivité, la magie, que vous possédez déjà, et des petits cadeaux de la vie. Vous envoyez des paillettes !

Lundi

LES FORCES POSITIVES

Si 50 % de votre épanouissement dépend de votre héritage génétique (qui est à l'origine de votre personnalité), 40 % dépendent de vos décisions et de vos comportements. Tout est en vous !

La force est en moi !

D'après les recherches récentes en psychologie positive, les personnes les plus épanouies ont certains traits de caractère en commun, les ingrédients du bonheur ! Les équipes de chercheurs de Martin Seligman et Christopher Peterson, deux grands noms de la psychologie positive, ont ainsi identifié 24 forces, talents ou qualités humaines propices au bonheur, qu'ils ont réparties en 6 grandes vertus. Si nous avons tous en nous un minimum de chacune de ces forces, nous avons aussi chacun développé une vertu plus particulièrement. Le principe de la psychologie positive est donc de développer vos forces positives naturelles. Vous possédez un potentiel positif. Vous avez des outils innés pour positiver mais vous ne les exploitez pas encore en ce sens. Quelle force sera le levier de votre positive attitude ?

La puissance du corps

Votre corps est l'une de vos forces. Non seulement il vous confère votre force, votre endurance et votre résistance physiques, votre vitalité, mais il contribue aussi à votre force intérieure. Eh oui, il est prouvé que notre posture influence notre état d'esprit. Une posture droite, affirmée et prenant de l'espace induit un sentiment de confiance et de puissance. Aussi un corps puissant est-il un moyen de vous sentir forte dans tous les domaines de votre vie. Le corps est aussi votre refuge : s'y connecter permet de retrouver le calme, de puiser de nouvelles forces. Prenez conscience de sa puissance !

La force émotionnelle positive

Les émotions sont notre moteur. Leur force est aussi d'imprimer très profondément en nous les situations auxquelles elles sont associées. Elles nous programment pour le bonheur ! Prendre conscience de ses émotions positives est une ressource très puissante !

Mes X-factors de positive-girl

Quels traits de caractère positifs possédez-vous ? Pour révéler la version la plus positive de votre personnalité, coloriez le diagramme suivant (de 1 : « je possède peu cette qualité », à 10 : « c'est tout à fait moi »). Vous pourrez repérer en un coup d'œil vos forces sur lesquelles vous pouvez vous appuyer et celles qu'il vous faudra peut-être développer. Ainsi, vous révélerez votre magie personnelle !

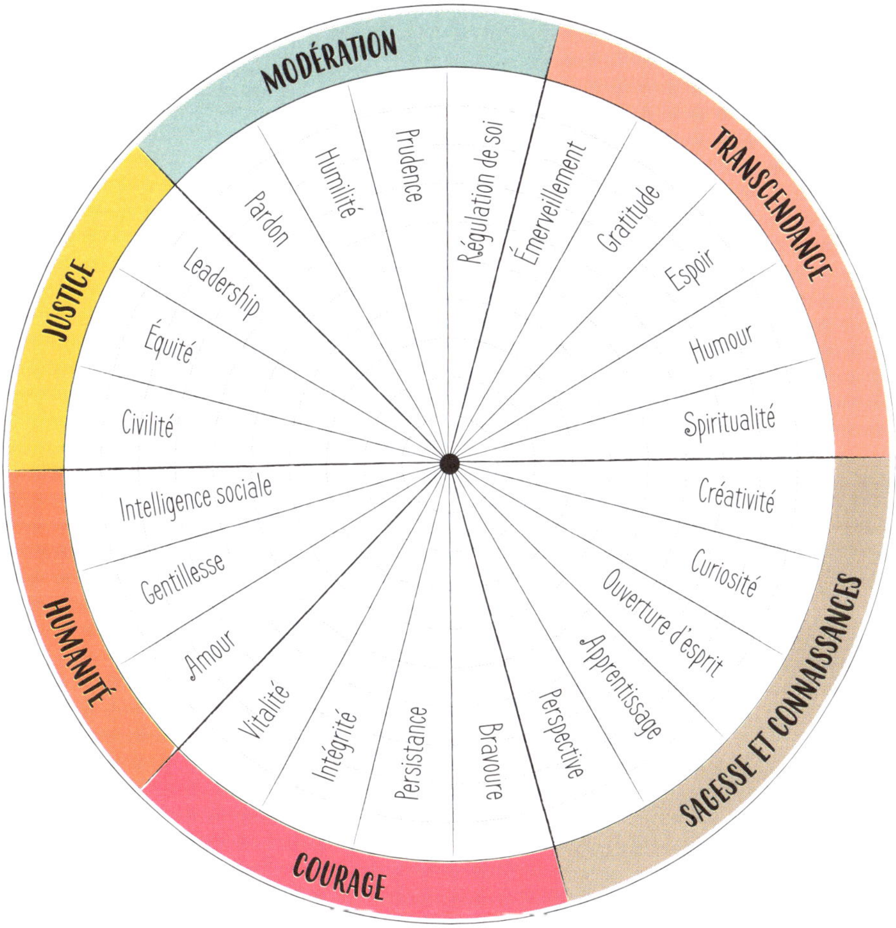

Mes plus grandes forces positives :

Les forces à développer :

Mon rituel strong body

Prenez conscience de la force de votre corps et entretenez-la avec cette séance à faire le matin. Le gainage renforce les abdos et tout le centre de votre corps (abdos profonds, dos, plancher pelvien), pour un corps au top !

1. Planche gainage : 20 s
2. Planche latérale sur le coude à gauche : 20 s
3. Planche gainage : 20 s
4. Planche latérale sur le coude à droite : 20 s
5. Repos : 1 min

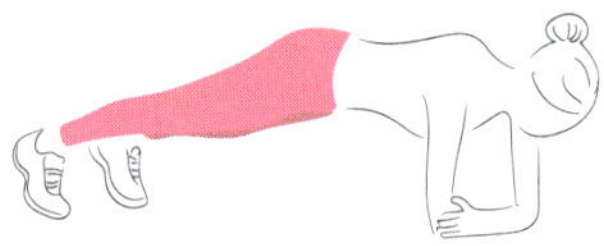

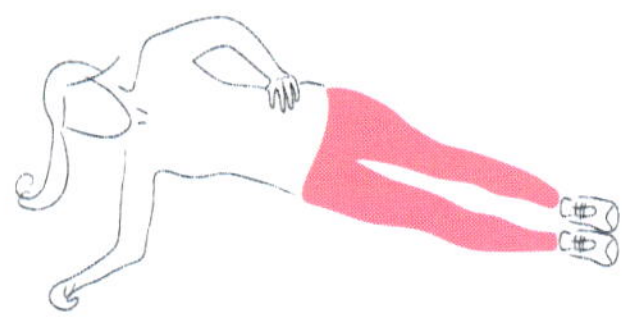

6. Planche bras tendus : 30 s
7. Planche latérale bras tendu à gauche : 20 s
8. Planche bras tendus : 30 s
9. Planche latérale bras tendu à droite : 20 s
10. Repos : 1 min

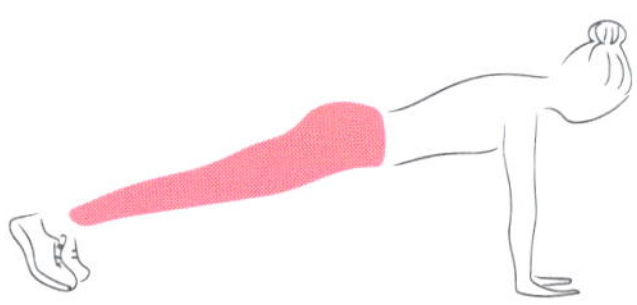

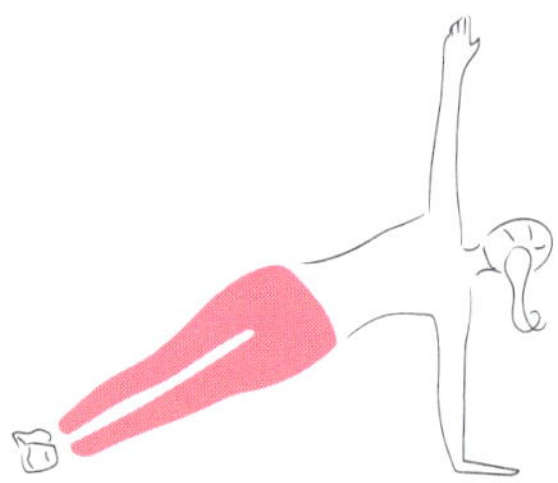

11. Planche jambe levée : 30 s
12. Planche latérale jambe levée à gauche : 20 s
13. Planche jambe levée : 30 s
14. Planche latérale jambe levée à droite : 20 s
15. Repos : 1 min

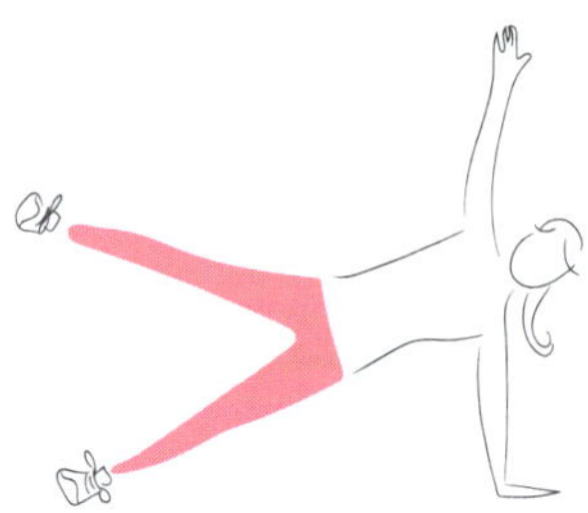

Ce qui me rend positive…

Vous avez des forces pour positiver, mais qu'est-ce qui peut vous rendre heureuse ? Faites votre mindmap du bonheur !

Les personnes qui me rendent heureuse

Les situations qui me rendent heureuse

(Par exemple, papoter entre copines, réussir un concours…)

Les petites choses qui me rendent heureuse

(Un café en terrasse, un petit mot de ma moitié sur le miroir de l'entrée, un bain chaud…)

Les pensées qui me rendent heureuse

(Par exemple, la pensée d'un week-end au bord de la mer…)

Les activités qui me rendent heureuse

(Par exemple, faire du sport, lire…)

Mes rituels bonus

Positive body

Je crée l'ancrage d'une force positive

L'ancrage est une technique de PNL (programmation neurolinguistique) qui consiste à associer un geste, un mot ou un objet à une émotion. Ancrez dans un objet au choix (un galet, un bijou, un doudou…) la force de la sagesse, c'est-à-dire la faculté de découvrir, créer et réfléchir, une façon de penser qui détermine toute votre perception du monde, de vous et des autres. Pour cela, tenez votre objet entre vos mains, installez-vous confortablement et pensez à une personne qui incarne la sagesse selon vous. Et imaginez que vous intégrez toute sa sagesse dans cet objet. Comme un talisman, imaginez que cet objet a le pouvoir de vous transmettre tout son pouvoir. Lorsque vous en ressentirez le besoin, il vous suffira de prendre, voire simplement penser à cet objet pour vous reconnecter automatiquement à cette sagesse.

Positive lifestyle

Je crée des rappels automatiques

Le rappel automatique intégré aux smartphones et aux agendas électroniques permet d'avoir un petit message de rappel récurrent aux heures et rythmes de son choix. Aujourd'hui, programmez au moins 4 rappels automatiques par jour pour vous rappeler vos forces !

Positive mind

Je prends conscience de mes forces intérieures

Quelles épreuves avez-vous surmontées ? Déceptions amoureuses ? Complexes ? Crises familiales ? Surtout, comment vous en êtes-vous remise ? Grâce à votre humour ? À vos amies ? Au sport ? La force est en vous, vous commencez à bien le comprendre. Prenez-en soin, et pensez à la remercier pour tout ce qu'elle vous permet d'accomplir. Exprimez-lui votre profonde gratitude comme s'il s'agissait d'une personne, cela ne la rendra que plus forte encore (et vous aussi par la même occasion !).

Mardi

LE POUVOIR DU MOMENT PRÉSENT

Avec votre vie à 100 km/h, vos pensées peuvent vite prendre le contrôle sur vous («Il faut que je pense à faire ci», «Comment je vais arriver à gérer ça?», ou encore «J'aurais dû faire ci», «J'aurais dû dire ça»), vous empêchant de vivre réellement dans l'instant présent. Selon les chercheurs en psychologie positive, vivre le moment présent en pleine conscience vous permet de gérer vos pensées pour qu'elles ne vous envahissent plus et donc de reprendre le contrôle de vos émotions. Mieux : lorsque vous vous plongez pleinement dans l'instant, vous devenez attentive à tous ces détails merveilleux (la bonne odeur du café, le bruit rassurant de la pluie)… Et la vie devient magique!

En mode slow attitude pour profiter de l'instant

Pour calmer votre mental, apaiser vos émotions et être à l'écoute de votre corps en pleine conscience, il est nécessaire déjà de ralentir! OK, c'est excitant d'enchaîner les projets, les activités et les sorties. Mais on peut finir par ne plus profiter de rien. La slow attitude ne consiste pas à tout faire à vitesse de la tortue, mais à savoir prendre le temps de chaque chose afin d'en profiter vraiment. Il s'agit aussi de savoir caler dans votre planning des plages de temps pour vous, pour ne rien faire, vous cocooner, lire, regarder passer les nuages…

Objectif : pleine conscience!

Une fois le bon rythme trouvé, la pleine conscience repose sur votre capacité à savourer l'instant présent, à l'apprécier pleinement au travers de vos 5 sens. Prendre le temps d'observer ce qui vous entoure, de façon globale et dans les petits détails, ce qui est en mouvement, mais aussi ce qui est présent et ce à quoi vous ne faites pas toujours attention. Sentir ces odeurs et écouter ces bruits, des plus proches aux plus lointains et observer ce que cela provoque en vous. Savourer chaque repas en pleine conscience et apprécier réellement les saveurs et sensations gustatives à chaque bouchée et à chaque gorgée. Prendre conscience du confort de vos vêtements, de la sensation du contact du sol, du fauteuil, peut-être, et de tout ce qui touche votre peau… L'art de savourer repose donc sur cette attention portée sur tout ce que vous ressentez dans l'instant présent grâce à vos sens, que ce soit agréable ou non, sans attente ni jugement. Vous verrez : le bonheur est déjà là, il suffit d'en prendre conscience!

Ma slow time mountain

Avez-vous la sensation de courir partout, sans jamais prendre le temps de vous reposer et, surtout, de profiter de l'instant et des petits bonheurs qu'il vous offre ? Aujourd'hui, recensez vos temps slow en complétant ce graphique ! Le principe ? Montez de 1 case à chaque demi-heure supplémentaire de travail ou d'activité, et descendez de 1 case pour chaque demi-heure de repos et de temps de pleine conscience. Si votre courbe monte trop, pensez à prendre un temps slow pour équilibrer votre journée !

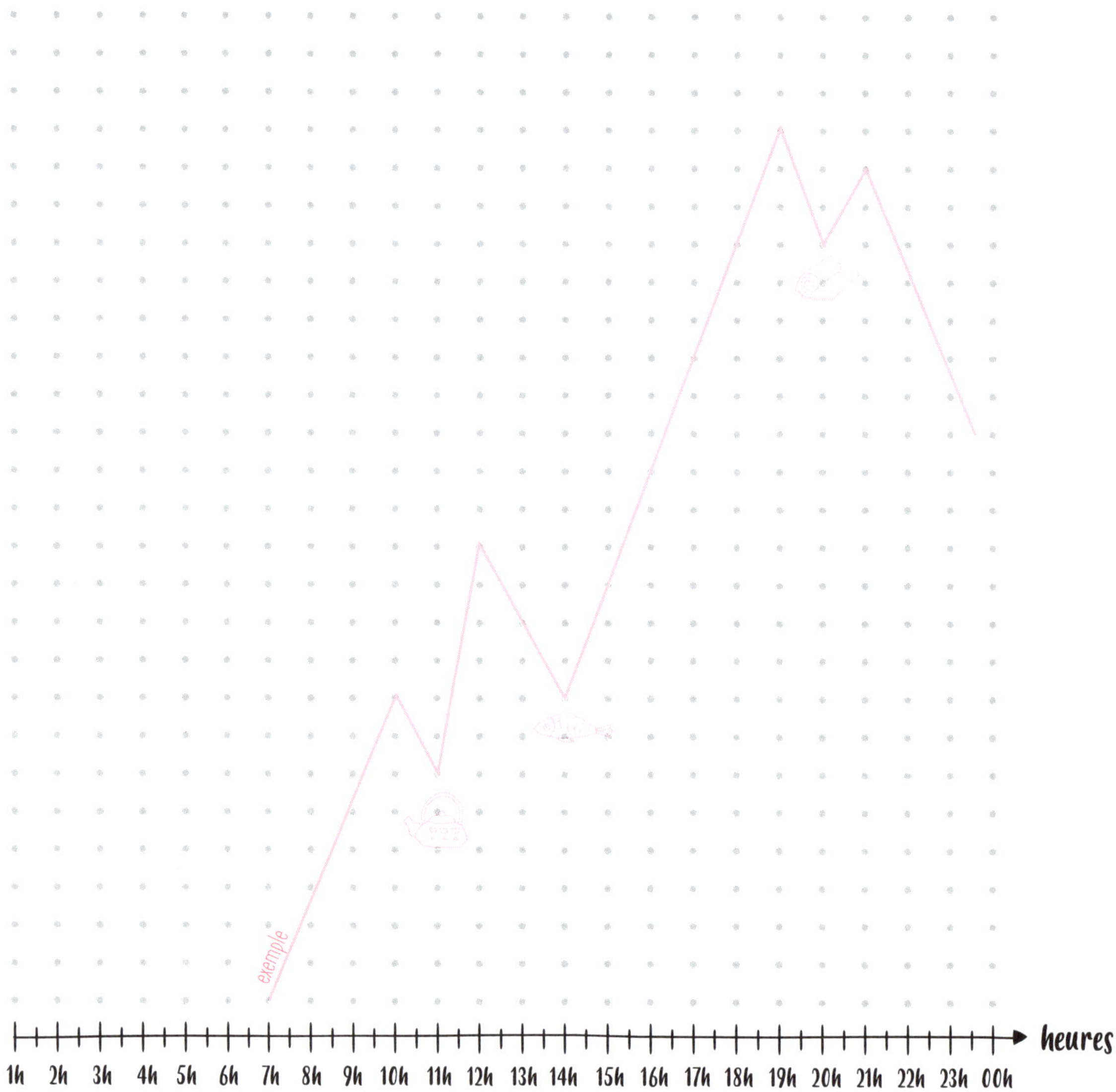

Grâce à mon corps, je médite...

Méthode slow par excellence, la méditation de pleine conscience consiste à se concentrer sur ses sensations afin de sortir de ses pensées pour revenir à sa présence et à son corps. De quoi quitter ses angoisses pour retrouver le calme, le bien-être et le happy mood ! Asseyez-vous au clame, fermez les yeux, c'est parti...

DANS MES PIEDS, MES MOLLETS, MES JAMBES, MES CUISSES, JE SENS...

(Par exemple, le contact du sol, des tensions, l'air sur ma peau nue...)

- ____
- ____
- ____

DANS MON BASSIN, MES FESSES, MON DOS, MA POITRINE, JE SENS...

- ____
- ____
- ____

SUR MON VISAGE, JE SENS...

(Par exemple, ma mâchoire crispée, mes sourcils froncés, mon front plissé, mon cuir chevelu tendu...)

- ____
- ____
- ____

LOIN DE MOI, J'ENTENDS...

- ____
- ____
- ____

AUTOUR DE MOI, J'ENTENDS...

- ____
- ____
- ____

EN MOI, J'ENTENDS...

- ____
- ____
- ____

AUTOUR DE MOI OU SUR MOI, JE SENS L'ODEUR...

- ____
- ____
- ____

Mes petits bonheurs

Vivre en mode slow, concentrée sur l'instant, pleinement consciente de ses 5 sens, permet de saisir toutes les beautés du quotidien, tous les jolis moments qui nous échappent si nous n'y prêtons pas attention. L'arôme du café ce matin, les taches d'ombre et de lumière dans les arbres du parc que vous traversez, le glouglou poétique de la pluie dans la gouttière, la douceur du pelage de votre chat… Aujourd'hui, listez toutes les petites beautés que vous remarquez !

Mes rituels bonus

Positive lifestyle

Je teste la tendance du silence

Le silence est magnifique. Il calme votre esprit, améliore votre attention et votre concentration. C'est un excellent moyen de revenir à l'essentiel et de reprendre la main sur vos pensées agitées. Écoutez le silence pendant 5 minutes.

Positive mind

Je mange en pleine conscience

Lors de votre prochain repas, prenez le temps d'écouter vos sensations. Sentez chaque aliment pour vous donner faim. Savourez chaque bouchée en pleine conscience et profitez de chaque odeur, de chaque goût, de chaque saveur. Et en fin de repas, prenez le temps d'apprécier vos sensations de satiété.

Positive body

Un bon bain moussant

Savourez pleinement l'instant en prenant un bon bain chaud en fin de journée avec des petites bougies et une musique douce… Pour un effet encore plus relaxant, ajoutez-y un mélange de 6 poignées de gros sel de Guérande, 70 ml d'huile d'amande douce, 5 gouttes d'huile essentielle (HE) de néroli, 5 gouttes d'HE de camomille noble et 10 gouttes d'HE de lavande vraie.

Mercredi

Calme & happiness

Il est impossible de ressentir au même moment deux émotions opposées. Aussi, pour se sentir mieux, deux stratégies existent : mettre en place des stratégies pour augmenter la fréquence, la durée et l'intensité des émotions les plus agréables ou… trouver le moyen de réduire la fréquence, la durée et l'intensité des émotions désagréables. Déstressez, calmez vos émotions négatives et trouvez l'équilibre émotionnel pour laisser en vous la place d'accueillir les bonnes vibes !

De la douceur et du slow lifestyle

Il s'agit encore de slow ici ! Ce concept ne se limite pas en effet au ralentissement. Il possède une dimension de soin et de douceur, induits par la pleine conscience. Pratiquer le slow revient donc à être attentif à soi, à son corps, à son esprit et ses émotions… Ralentir ses pensées pour revenir à soi, à son corps et son état naturel : le calme. Objectif calme, sérénité et bonheur !

Le pouvoir du slow body

Le slow body, c'est pratiquer la pleine conscience et le soin de votre corps. Il s'agit d'être à l'écoute de vos sensations corporelles, de vous relier à vos sens et de ralentir vos gestes. Le simple fait de vous concentrer sur votre respiration et sur vos sensations physiques permet déjà de ralentir naturellement votre rythme cardiaque et de retrouver le calme. Pour cela, accordez-vous de simples pauses de quelques minutes, isolez-vous et pratiquez la méditation, la cohérence cardiaque, le yoga, la relaxation, la sophrologie, les massages, les moments cocooning et beauté, etc. Vous pouvez aussi vous accorder des microsiestes durant la journée, de 10 à 20 minutes. Ce sont des méthodes de cohérence cardiaque, qui accordent le souffle et les battements de cœur : un beau symbole pour trouver le chemin de votre bonheur !

Le pouvoir du slow mind

Le slow consiste à ralentir ses pensées, à se détendre, à reposer votre esprit pour retrouver votre équilibre émotionnel, recontacter votre état d'esprit positif naturel !

Mes lieux refuge

Certains lieux ont le pouvoir de nous rassurer et de nous apaiser instantanément. Et vous, quel est votre lieu refuge ? Lorsque vous ressentez du stress ou nourrissez des pensées négatives, visualisez-le et vous retrouverez aussitôt la sérénité et les good vibes.

Mon lieu refuge :

Comment est-il ?

Pourquoi m'apaise-t-il ?

Ma trousse SOS antistress

Quels sont les petits gestes de bien-être qui vous apaisent ? Constituez votre trousse SOS en cas de stress ou d'émotions négatives, et piochez à l'intérieur dès que nécessaire !

Mes huiles essentielles happiness

Mes petits gestes relax

(Par exemple, caresser votre chat, faire du yoga, vous faire masser...)

Mes tisanes détente

Mon mandala mood

Un excellent moyen de reposer votre esprit est de colorier des mandalas : ces dessins spirituels d'origine hindoue servent à méditer. Laissez libre cours à votre créativité pour illustrer votre mandala aux couleurs qui vous mettent la plus en joie !

MES RITUELS BONUS

Positive lifestyle

Mes instants de sérénité

La méthode GTD (*Getting Things Done*), créée par l'Américain David Allen, consiste à gérer les priorités quotidiennes afin d'être efficace sans stresser. Appliquez-la pour réorganiser votre vie et laisser plus de place pour le positif ! Commencez par faire une liste de tout ce que vous avez à faire à court, moyen et long terme dans tous les domaines de votre vie. Et n'oubliez pas d'y ajouter les choses que vous avez vraiment envie de faire juste pour le plaisir. Puis classez-les de la manière suivante :

1. les tâches prioritaires urgentes et importantes
2. les tâches urgentes mais pas importantes
3. les tâches importantes mais non urgentes
4. les tâches non urgentes et non importantes (sans oublier de les déléguer autant que possible)

Positive mind

Je pratique la respiration carrée

Pour retrouver le calme et la positive attitude en quelques minutes, respirez par le nez en gonflant naturellement votre ventre à chaque inspiration. Inspirez sur 2 temps, suspendez votre souffle, poumons pleins, sur 2 temps, expirez sur 2 temps, suspendez votre souffle, poumons vides, sur 2 temps. Répétez 8 à 10 fois.

Positive body

Sophro-relaxation des éventails

Pour vous libérer de vos tensions, inspirez en levant vos bras à l'horizontale devant vous, bloquez votre respiration en remuant vos mains comme pour lâcher le négatif à mesure que vos mains reviennent vers votre poitrine. Expirez en laissant vos bras redescendre le long de votre corps. Recommencez 2 fois.

Jeudi

KIF POWER

La clé de la positive attitude? Le plaisir! C'est un pilier de vie à part entière, mais c'est aussi l'ingrédient qui sous-tend toute votre vie et vous guide! Le plaisir est le bonheur d'un instant. Alors, avant de faire du bonheur un état d'esprit durable, commencez à repérer les petits bonheurs qui parsèment votre vie!

Le plaisir est le guide du bonheur

Nous sommes programmés pour le plaisir, c'est l'émotion qui nous indique ce qui est bon pour nous. Le plaisir nous nourrit physiquement, émotionnellement et mentalement. Et un plaisir satisfait crée un sentiment de plénitude très positif! Repérez ce qui vous fait kiffer : c'est ce qui répond à vos besoins, vos envies et vous mène vers ce pour quoi vous êtes faite! Un guide pour mieux vous connaître et pour vous diriger vers votre bonheur.
En bonus, le plaisir renforce la confiance en soi, l'estime de soi, et ça détend (grâce à la sécrétion de dopamine, l'hormone du bonheur).

Se faire plaisir, c'est se donner de l'amour!

Vous avez le droit de vous faire plaisir! Pas de culpabilité ni de honte : il ne s'agit pas d'égoïsme lorsqu'on subvient à ses besoins (le plaisir en est un). Oui, vous méritez le bonheur, vous avez le droit de prendre du plaisir. Celui-ci permet de se recentrer sur soi, de s'autoriser à être heureux, de s'aimer. La base d'une relation saine à soi et, au-delà, aux autres, car il faut avoir de la lumière en soi pour la diffuser alentour!

Les vrais plaisirs positifs

Ici encore, la pleine conscience n'est pas loin! Car un plaisir ne vaut que s'il est pleinement apprécié : une glace avalée en vitesse, l'esprit ailleurs, vous apportera peu de joie. Quand vous souhaitez vous faire plaisir, mettez-vous à votre écoute et choisissez ce qui vous donne vraiment envie, puis profitez-en à fond. Les plaisirs peuvent être physiques (manger de bonnes choses, faire du sport, prendre soin de soi, câliner ceux qu'on aime) mais aussi intellectuels (passions, plaisir de la découverte, de discuter...).

Ce que j'aime...

Ce que vous aimez est source de plaisir, d'énergie et de plein de positivité ! Faites ici la liste de vos passions, mais aussi de tous vos plaisirs du quotidien. Et offrez-vous l'un de ces petits cadeaux aujourd'hui !

Mon tracker cocooning

Faites plaisir à votre corps : cocoonez-vous régulièrement ! À partir d'aujourd'hui et pour les 3 semaines du programme, faites le suivi de vos petits plaisirs beauté sur ce tracker : coloriez la case du jour si vous avez effectué votre rituel !

MES PETITS PLAISIRS BEAUTÉ QUOTIDIENS

(Par exemple, asperger votre visage d'eau florale au réveil, mettre du rouge à lèvres…)

- ______________________________
- ______________________________
- ______________________________
- ______________________________
- ______________________________
- ______________________________

Faites votre suivi en coloriant ce tracker :

J 1 J 2 J 3 J 4 J 5 J 6 J 7 J 8 J 9 J 10 J 11 J 12 J 13 J 14 J 15 J 16 J 17 J 18 J 19 J 20 J 21

MES ROUTINES COCOONING HEBDOMADAIRES

(Par exemple, faire un masque pour vos cheveux, crémer votre corps entier, faire un massage ayurvédique aux huiles chaudes…)

- ______________________________
- ______________________________
- ______________________________

Quel jour ? ______________________________

Faites votre suivi en coloriant ce tracker :

SEMAINE 1 SEMAINE 2 SEMAINE 3

MES ROUTINES COCOONING MENSUELLES

(Par exemple, aller au sauna…)

- ______________________________
- ______________________________
- ______________________________
- ______________________________
- ______________________________
- ______________________________

Quand ? ______________________________

Faites votre suivi en coloriant ce tracker :

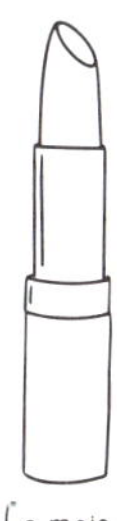

Ce mois-ci

Ce qui me fait rire

10 à 15 minutes de rire par jour permettent de se maintenir en bonne santé, et 1 minute de fou rire équivaut à 45 minutes de relaxation ! Notez vos fous rires mémorables et ce qui vous fait rire à coup sûr. Rien que les écrire vous donnera le smile !

Mes meilleurs fous rires

Les citations qui me font éclater de rire instantanément

Les films, émissions, vidéos qui me font rire

Smile !

MES RITUELS BONUS

Positive body

Je fais une méditation du kif

Prenez 3 profondes respirations et fermez les yeux. Puis concentrez-vous sur tout ce qui vous procure du plaisir (visuel, olfactif, gustatif, auditif et tactile)... Respirez... Concentrez-vous sur ce que cela provoque en vous... Rouvrez doucement les yeux et appréciez encore quelques instants les bienfaits de cette séance.

Positive mind

Je liste 3 mini-kifs

C'est la technique du bonheur de Florence Servan-Schreiber : chaque soir avant de vous coucher, réfléchissez à 3 moments de bonheur, petites joies ou petits plaisirs (un sourire, un rayon de soleil, une odeur, un geste, une scène, une discussion, un regard...). Chaque petite émotion positive mérite d'être mise en lumière !

Positive lifestyle

Je teste le yoga du rire

Expérimentez cet exercice très simple et très rapide : faites comme si vous étiez prise d'un fou rire ! Reproduisez autant de fois que nécessaire pour que le rire finisse par devenir naturel. Pratiquez plusieurs fois dans la journée si vous le souhaitez. En mode kif & LOL !

Vendredi

LES BEAUTÉS

Remarquer et apprécier la beauté, l'excellence et/ou les performances dans tous les domaines de la vie, allant de la nature aux arts, en passant par les mathématiques, les sciences et la vie quotidienne, cela rend la vie plus belle ! L'esthétisme participe à la positive attitude, car la beauté constitue un bonheur et un plaisir. Elle est tout autour de vous, il suffit de changer son regard pour la voir !

Le pouvoir du focus

Ce sur quoi vous portez votre attention détermine votre perception et votre interprétation du monde : en fonction de votre focus, votre vision d'une même situation peut être totalement opposée à celle d'une autre personne. Le focus peut se comparer à une paire de lunettes. Avec des lunettes aux verres foncés, tout devient plus sombre, alors que des verres colorés vous permettent de voir la vie en rose. Le focus positif consiste à percevoir la beauté et le meilleur de chaque personne, de chaque situation. Plus largement, un focus positif revient à considérer les talents, les ressources, les succès, ce qui est bon, ce qui est beau, et à trouver du positif même dans ce qui ne va pas. Il s'agit de chercher avant tout les beautés (qualités, forces et talents d'une personne), de chercher de façon générale la beauté en vous et autour de vous. Bonne nouvelle : quand on cherche, on trouve !

Discerner ses propres beautés

Vous avez sans doute déjà entendu parler du mouvement body positive, qui prône l'acceptation de soi quelles que soient ses formes. Accepter ses rondeurs et aimer son corps… mais aussi discerner ses qualités, ses talents, ses forces, ses bonnes actions… Gardez votre focus positif et continuez à vous redécouvrir avec ce regard bienveillant sur vous-même et à apprécier sans vous juger à la fois vos talents et vos imperfections ; ce sont toutes vos beautés et les petites vulnérabilités qui vous rendent adorable ! Petit à petit, vous apprenez à vous accepter et à vous aimer telle que vous êtes et ça c'est formidable !

Les beautés de la vie

Bien sûr, les beautés sont autour de vous, dans votre environnement, dans l'art, dans les sentiments que les autres vous portent, mais aussi dans votre vie et vos souvenirs, lorsqu'ils portent de la joie, du bonheur et de belles émotions !

Mes qualités

Vous avez plein de beautés en vous ! On a tendance à les mettre de côté pour se focaliser sur nos défauts, pourtant nos qualités, lorsqu'on en a conscience, nourrissent l'estime de soi et la positive attitude. Alors, quelles sont vos beautés intérieures ? Si vous osez, demandez à vos proches celles qu'ils voient en vous !

Mes beautés...

L'une des premières clés du bonheur est d'apprendre à vous accepter et vous aimer telle que vous êtes. Il est prouvé que se considérer dans sa globalité est moins susceptible de créer des complexes que s'analyser sous toutes les coutures. Vraiment, pensez-vous que les autres vous analysent zone par zone comme vous le faites ? Mieux : focalisez-vous sur ce que vous aimez dans votre corps. Sur cette silhouette, dessinez un cœur rose sur chaque zone de votre corps que vous aimez. Oui, vous êtes belle !

Mes plus beaux souvenirs

Y repenser rend tellement heureux ! Listez ici vos plus beaux souvenirs d'enfance, d'adolescence, de vie d'adulte, vos souvenirs pro, amicaux, familiaux, tous les meilleurs moments de vos love stories (premiers coups de cœur d'enfance, jolies rencontres ou petits échanges, grands moments d'émotion…). Ces beautés de votre vie vous mettront sur un nuage !

Mes rituels bonus

Positive lifestyle

People are beautiful

Aujourd'hui, focalisez-vous sur la beauté des personnes que vous croiserez au cours de la journée ! Regarder les beaux garçons est autorisé, mais n'oubliez pas la beauté intérieure ! Quoi qu'il arrive, ne retenez que le positif. Faites attention au charme naturel, à la particularité de chacun, à ses qualités, le plaisir qu'il donne par sa compagnie, etc.

Positive mind

Je remarque les petites beautés autour de moi

La beauté est partout autour de vous ! Prenez par exemple le temps de regarder en détail votre rue, pour en apprécier sa beauté, sa vie, sa culture, son ambiance, ses mystères, ses lieux typiques et atypiques, les détails des bâtiments. Vous pouvez aussi vous renseigner sur son histoire.

Positive body

Je me crème de la tête aux pieds

Célébrez-vous, honorez la beauté de votre corps ! Offrez-vous régulièrement une séance feel good de crémage de la tête aux pieds en pleine conscience (concentrez-vous sur les sensations, sur votre intention), prenez votre temps et appréciez le moment. Prendre soin de soi contribue à construire une vision positive de soi !

Samedi

LES VALEURS

Vos valeurs vous guident et donnent un sens à vos actes. Une valeur positive est un principe, une morale, une éthique. Elles sont de nobles règles de conduite et des idéaux sur lesquels se fonde votre personnalité et se construit votre estime de vous. Elles sont l'une de vos beautés ! Prenez conscience de vos étoiles intérieures !

Vos valeurs vous donnent de la valeur

Liberté, authenticité, partage, respect, honnêteté, solidarité, empathie, bienveillance… Vous êtes vos valeurs ! Elles sont le plus noble, le plus beau de vous. Il est important de les connaître pour en prendre conscience et voir ainsi objectivement à quel point vous êtes une personne formidable. Vous portez tout cela en vous, c'est ce qui vous a formée. Vous êtes l'écrin de ces richesses ! De quoi vous redonner de l'estime de soi !

Votre corps aussi a de la valeur !

Notre corps aussi fait partie de nous et nous disposons également de valeurs à appliquer pour être en phase avec lui et le respecter. Le soin, la bienveillance, l'entretien, le plaisir… Vous êtes sacrée à l'intérieur comme à l'extérieur !

Une boussole intérieure

Les valeurs sont essentielles, car c'est sur elles que l'on se fonde pour décider des actions pour évoluer dans une direction précise. Elles peuvent non seulement déterminer votre orientation professionnelle (car elles représentent vos aspirations, vos croyances et vos besoins), mais aussi vos choix personnels (choix de couple, de mode de vie…). Les respecter permet d'être en phase avec soi et de vous sentir bien dans votre vie. Rien que du positif ! À l'inverse, des situations en conflit avec vos valeurs ne vous conviennent tout simplement pas. Elles ne vous permettent pas de vous respecter. Aussi, réfléchir sur vos valeurs permet de savoir quels sont vos besoins, vos limites. Posez-vous régulièrement la question : ce job, cette situation, cette relation respecte-t-elle mes valeurs ? Si la réponse est non, pas d'hésitation : changez !
Le top des valeurs ? 1. la paix / 2. la solidarité / 3. le respect / 4. l'honnêteté / 5. l'égalité / 6. la fidélité / 7. la liberté / 8. la tradition / 9. la sécurité / 10. la justice.

Mes valeurs, ce que je veux être…

Identifiez et listez vos valeurs : voyez comme elles font de vous une belle personne ! Plus vous les respecterez, plus vous cultiverez votre estime de soi et votre positivité.

Je body positive

Votre corps est votre temple, il a une immense valeur ! Remplacez vos actions de maltraitance envers votre corps (cochez les cases qui vous correspondent) par des valeurs de respect et de soin en prenant conscience de tout ce qu'il fait pour vous !

JE MALTRAITE MON CORPS QUAND…

- ☆ Je mange mal
- ☆ Je juge mon apparence
- ☆ Je n'écoute pas les signaux de fatigue
- ☆ Je me néglige
- ☆ Je m'épuise à la tâche

ALORS QUE LUI ME SOUTIENT QUAND…

Il me permet de marcher, de bouger, de voyager, de vivre au quotidien

Il me permet de faire du sport, de me défouler, de me dépasser…

Il m'offre sa force physique mais me donne aussi de la force mentale (une posture affirmée crée en effet de la confiance en soi, c'est ce qu'on appelle les postures de puissance)

Il me donne du plaisir : goûter de bons plats, écouter de la musique, voir de belles choses…

Il m'offre du bien-être via les massages, les câlins…

Il me permet de me relaxer

…………………………

…………………………

…………………………

…………………………

Happiness box
J'aime dans ma vie...

Les valeurs que vous appliquez au quotidien donnent déjà un sens et une orientation à votre vie. Vous pouvez en être fière ! Qu'aimez-vous dans votre vie ? Qu'est-ce qui lui donne du sens, vous rend heureuse et positive ? Listez-le ici et gardez-le dans votre cœur !

Mes rituels bonus

Positive lifestyle

Je poursuis mes valeurs au quotidien

Pour chaque décision du quotidien (Quelle tenue mettre?) ou de votre vie (Dans quelle ville m'installer?), agissez selon vos besoins et vos valeurs, et pas par devoir, pour convenir aux attentes des autres, obtenir une récompense ou éviter une sanction. Transformez vos «Je dois» en «Je choisis de…»!

Positive body

Je fais un masque cheveux home made pour respecter mon corps

Mélangez 1 c. à c. de jus de citron, 2 c. à s. de miel et 2 c. à s. d'eau tiède, puis appliquez le mélange mèche par mèche. Laissez poser 30 minutes et rincez. Un masque pour détoxifier vos cheveux, leur rendre de l'énergie, et vous donner de la confiance en vous!

Positive mind

Je respecte les 4 accords toltèques

Voici 4 mantras à vous rappeler en toutes circonstances : «Que ma parole soit impeccable», «Je n'en fais pas une affaire personnelle», «Je ne fais aucune supposition» et «Je fais de mon mieux». Ces mantras établissent des valeurs qui vous permettent de vous respecter et de respecter les autres. Si l'une de ces phrases fait accélérer les battements de votre cœur, c'est que cette affirmation vous parle!

Dimanche
LE BIEN-ÊTRE

Le bien-être, tout comme le plaisir, est au centre de la positivité ! Votre positivité nourrit votre bien-être, et votre bien-être permet de booster votre optimisme. Chouchouter votre corps, votre esprit et vos émotions se joue tous les jours, par vos gestes, vos habitudes, vos pensées… Même votre environnement y contribue. On parie que vous disposez déjà de tout ce qu'il faut pour envoyer des bulles de bien-être dans votre vie ?

Je prends le temps de m'écouter

En vous préoccupant de votre bien-être, vous passez en mode slow self : en effet, le bien-être ne concerne pas que le corps, mais aussi les émotions et les pensées, aussi s'agit-il de s'accorder volontairement du temps pour mieux se connaître, réfléchir sur soi… Faites un point sur vous-même, prenez du recul sur votre vie, sur vos pensées, vos émotions et vos habitudes, conscientes ou non. En prenant le temps de vous (re)découvrir, vous mettrez fin aux pensées automatiques que vous ne maîtrisiez plus consciemment, mais qui pourtant influençaient directement vos décisions (« Je ne suis pas douée pour telle chose, je n'ai pas les qualités de telle personne ») et vos comportements (« Quelle mauvaise journée… Qu'est-ce que je pourrais grignoter pour compenser ? »). Le slow self vous permet de prendre le temps d'être profondément à l'écoute de vous-même.

Un positive lifestyle

Les ingrédients du bien-être que l'on connaît bien : la nutrition, le sport et le cocooning ! Prendre soin de son corps est bénéfique non seulement parce que bien manger, bouger, se reposer et se cocooner permettent à celui-ci de fonctionner de façon optimale, d'être stimulé et d'être en bonne santé. Et un corps qui se sent bien, qui est en forme, vous offre son énergie et vous laisse la latitude de diriger vos pensées vers le positif.
Cela se joue au quotidien, dans vos gestes de tous les jours, c'est pourquoi il est important d'établir la food bien-être, le sport et le cocooning en routine, et d'en faire votre lifestyle.

Se sentir bien dans sa tête et son cœur

Bien manger, bouger et se cocooner agit aussi sur vos pensées. En prenant soin de vous, vous portez en effet votre attention sur votre corps, vous lui offrez de la bienveillance, vous posez des intentions positives. Vous êtes entièrement dirigée, corps et esprit, vers votre épanouissement personnel !

J'aime dans mon sweet home...

10 % de votre bonheur dépendent de votre environnement. C'est peu, mais chaque détail compte pour être heureuse ! Votre lieu de vie influence forcément votre état d'esprit quotidien. Observez-le comme si c'était la première fois et notez tout ce que vous aimez dans votre chez-vous.

Mes routines positives

On le sait, la répétition ancre les habitudes. Aussi est-il important de prendre conscience de vos routines et du bien-être qu'elles peuvent vous apporter. Quelles sont vos morning routines, qui vous donnent de l'énergie et vous mettent dans un état d'esprit serein et positif pour la journée ? Et quelles sont vos evening routines, qui vous relaxent à la fin de la journée et vous permettent de profiter de la soirée ?

Ma morning routine positive idéale

Mon evening routine positive idéale

Désormais, appliquez-les chaque jour.

Cochez une case de ce tracker à chaque fois pour faire votre suivi !

	LU	MA	ME	JE	VE	SA	DI	LU	MA	ME	JE	VE	SA	DI	LU	MA	ME	JE	VE	SA	D
Morning routine																					
Evening routine																					

Ma météo intérieure

Ce matin, avant de vous lever, mettez-vous à votre écoute : demandez-vous quel temps il fait dans votre corps, dans votre tête… Comme lorsqu'il fait beau dehors, le soleil en vous booste votre mood et vous fait prendre conscience de votre bien-être !

DANS MON CORPS…

Dessinez ici votre météo corporelle (oiseaux dans un grand ciel bleu, petits nuages, vent, éclairs, pluie, neige, grêle…) !

DANS MA TÊTE…

Dessinez ici votre météo mentale (oiseaux dans un grand ciel bleu, petits nuages, vent, éclairs, pluie, neige, grêle…) !

DANS MON CŒUR…

Dessinez ici votre météo émotionnelle (oiseaux dans un grand ciel bleu, petits nuages, vent, éclairs, pluie, neige, grêle…) !

Mes rituels bonus

Positive body

Mon yoga nidra feel good

Allongez-vous dans une pièce calme. Fermez les yeux et restez immobile au moins 10 minutes. À chaque respiration, portez votre attention sur une nouvelle partie de votre corps à relâcher, en partant de vos orteils et en remontant jusqu'au sommet de votre crâne.

Positive lifestyle

Ma morning routine au top

Un exemple de routine matinale : douche, séance d'étirement, de yoga ou d'abdos, jus de citron, lecture, méditation… ou 30 petits sauts sur place, le top pour votre circulation, ça réveille en 30 secondes chrono !

Mon evening routine au top

Une bonne nuit de sommeil commence par un coucher calme, agréable et à heures régulières. Évitez de boire et de manger dans les 2 heures qui précèdent et, dès que la fatigue se fait sentir, installez-vous dans votre lit, sans écran et sans bruit. Au mieux, écoutez une méditation (ou testez l'ASMR, une technique de détente consistant à écouter des pistes audio composées de chuchotis, de petits bruits…).

Positive mind

L'organisation de mon sweet home

En observant ce qui vous entoure, vous prenez conscience de ce qui vous met en joie, mais aussi de ce qui nuit à votre bonne humeur. Agissez pour vous sentir mieux : faites du ménage, du rangement, du tri, revoyez la déco, la disposition des meubles…

SEMAINE 2

Je diffuse MES GOOD VIBES

Pour incarner totalement l'optimisme, il ne vous reste plus qu'à assumer votre part de responsabilité de votre propre bonheur. Exit les « Je n'ai pas réussi parce que je n'ai jamais de chance » ou les « C'était vraiment facile, c'est pour ça que j'ai réussi ». Prenez conscience de votre rôle essentiel sur votre propre humeur et devenez réellement actrice de votre vie et de votre bonheur ! Votre positive attitude dépend avant tout de vos décisions et de vos comportements mis en œuvre pour développer votre optimisme. Envoyez des paillettes autour de vous et dans votre vie !

Lundi

LE POUVOIR DES CHALLENGES

Parmi les conditions et pratiques qui développent réellement l'épanouissement personnel et le bonheur, Martin Seligman, le père de la psychologie positive, a identifié le fait de mener une vie engagée. Relevez régulièrement de nouveaux défis, sortez de votre zone de confort et multipliez les activités mobilisant votre plein potentiel pour vous dépasser. S'investir dans de nouveaux projets permet d'éviter la routine, donne une perspective à votre vie et lui donne du sens. Le must : se lancer des challenges de pensée positive !

Sortir de sa zone de confort ?

Si vous voulez que votre vie change, changez des choses dans votre vie… Même si cela nécessite de sortir de votre zone de confort ! Prenez exemple sur le bernard-l'ermite : il change de coquille, en prend une plus grande au fur et à mesure qu'il grandit. Le temps de transporter tous ses meubles dans sa nouvelle coquille, il traverse régulièrement des périodes de vulnérabilité. Celles-ci lui sont nécessaires pour passer d'une zone de confort à une autre, à chaque étape de son évolution. Plus vous évoluerez rapidement, et plus vous vous épanouirez vite !

La méthode kaizen : un pas après l'autre pour positiver

La méthode kaizen préconise une avancée « à petits pas » vers l'amélioration, un changement mineur permettant d'atteindre des objectifs majeurs, apprivoisant progressivement la peur du changement qui bloque souvent la créativité et le succès. Le défi kaizen est de mettre en place au quotidien une recherche continue de l'amélioration, petit pas par petit pas. Par exemple :

1. Poser de petites questions pour cerner le problème.
2. Penser de petites idées afin de faire émerger de grandes idées.
3. Entreprendre des petites actions qui garantissent le succès des grandes actions.
4. Résoudre des petits problèmes, même face à une crise majeure.
5. Accorder des petites gratifications même si le résultat n'est pas garanti.
6. Reconnaître les petits moments positifs, petits mais cruciaux.

Mon comfort zoning

Pour développer votre positive attitude, il va vous falloir sortir progressivement de votre zone de confort afin d'explorer votre zone de croissance et de développement, et ainsi pouvoir révéler votre potentiel. Pour cela, vous allez devoir affronter votre zone de peur en faisant preuve de courage et d'audace. Vous passerez certainement par une petite zone de panique, mais soyez sûre de vous, avancez un pas après l'autre et vous atteindrez bientôt votre zone de magie !

ZONE DE CONFORT

Les habitudes que j'aimerais changer aujourd'hui :

1. Habitude de penser : ________________________________
2. Habitude émotionnelle : ________________________________
3. Habitude envers moi-même : ________________________________
4. Habitude vis-à-vis des autres : ________________________________

ZONE DE PEUR

Comment puis-je changer ces habitudes (par quoi les remplacer, quel défi me lancer) ?

1. ________________________________
2. ________________________________
3. ________________________________
4. ________________________________

ZONE DE CROISSANCE

Je passe à l'action ! Comment je me sens après ça ?

____

____

____

____

Ma mindmap sport

Les challenges les plus susceptibles d'être réussis respectent les règles SMARTER (spécifiques, mesurables, accessibles, réalistes, temporellement définis, enthousiasmants et réajustables). Ainsi seulement parviendrez-vous à rester motivée. Aujourd'hui, déterminez un challenge sportif à vous lancer !

MESURABLE

(Par exemple, faire 3 séances par semaine, perdre 2 kilos...)

SPÉCIFIQUE

(Par exemple, vous mettre au yoga, mincir...)

ACCESSIBLE

(Vérifiez que vous disposez du temps, des moyens et d'un environnement favorable)

Mon challenge SPORT

RÉAJUSTABLE

RÉALISTE

(Vérifiez que ce défi est à votre hauteur, mais pas impossible)

ENTHOUSIASMANT

(Lancez-vous dans quelque chose que vous aimez !)

TEMPORELLEMENT DÉFINI

(Quelle date de départ vous fixez-vous ? Quelle échéance pour valider votre réussite et vous donner un objectif ?)

Mon 5 P plan

Dans la lignée du kaizen, la méthode du plus petit pas positif possible (5 P) invite à découper une tâche en tout petits pas afin que le premier soit le plus facile et agréable possible et qu'il enclenche l'action positive en direction de l'objectif visé. Pour lancer la dynamique positive et vous permettre d'avancer dans votre vie, de lancer vos projets, de suivre vos aspirations bref, de vous rendre heureuse !

Votre objectif

(Par exemple, vous mettre au yoga, lancer votre boutique Etsy…)

Cinquième pas

Quatrième pas

Deuxième pas

Troisième pas

Premier pas

Mes rituels bonus

Positive mind

Mon huile essentielle power

Retrouvez joie et optimisme avec l'huile essentielle d'orange douce. Mettez-en une goutte sur le poignet et respirez-la profondément. Pour vous aider à lâcher prise, à voir le côté positif de la vie et à oser sortir de votre zone de confort, utilisez-la régulièrement en diffusion.

Positive lifestyle

Ma respiration de la bougie power

Prenez une profonde inspiration, et expirez le plus lentement possible, comme si vous essayiez de faire bouger la flamme d'une bougie sans l'éteindre. Musclez votre optimisme et entraînez-vous à sortir de votre zone de confort en cherchant à chaque expiration à tenir 1 ou 2 secondes de plus ! À vous de trouver les limites de votre propre souffle, de votre propre optimisme…

Positive body

Ma sophro dynamique power

Aujourd'hui, faites le plein d'énergie dans votre corps pour vous conditionner à vivre une journée positive et… audacieuse ! Pour cela, mettez-vous debout, les bras le long du corps, la tête bien dans l'axe de la colonne vertébrale, les épaules relâchées. Prenez une profonde respiration et répétez-vous trois fois la phrase : « Je suis audacieuse ! » Bloquez votre respiration et effectuez simultanément un mouvement de va-et-vient des épaules, de haut en bas, 5 à 7 fois. Puis relâchez en expirant fortement d'un coup. Répétez cet exercice deux ou trois fois selon votre besoin d'énergie. Vous allez être gonflée à bloc pour sortir de votre zone de confort !

Mardi

LE POUVOIR DU FLOW

Étendez votre bonheur ! Vous avez appris à profiter du moment... Et s'il était possible d'intensifier votre expérience de l'instant ? Le chercheur Mihaly Csikszentmihalyi a théorisé la notion de « flow » pour définir la sensation d'immersion totale dans une activité. Un état d'esprit good vibes que l'on peut induire volontairement. Faites pétiller vos journées !

En immersion dans le bonheur

Imaginez un passionné de dessin plongé dans sa création au point d'oublier le monde alentour... Certaines activités vous proposent un challenge à la hauteur de vos compétences et vous passionnent, au point que vous êtes totalement absorbée par ce que vous faites : vous vous sentez alors au top de votre performance, en immersion totale, vous vivez des moments de flow. L'indice pour le reconnaître ? Vous ne voyez pas le temps passer, toutes vos capacités sont stimulées, vous êtes intensément concentrée, immergée dans votre activité, prenant un plaisir fou ! Vous êtes tout entière tendue vers votre but. Cela vous procure un fort sentiment de satisfaction et de bonheur.

Trouver et multiplier son flow

Multiplier les moments de « flow » dans votre vie, c'est possible ! Il s'agit de pratiquer davantage vos passions, certes, mais cela ne se limite pas à elles. Le flow n'est pas réservé aux créatifs. On peut vivre le flow dans de nombreuses activités : en sport, lorsque vous vous dépassez tout en prenant du plaisir, dans votre travail, sur un dossier challenging mais dont vous maîtrisez l'exercice... Tout le monde a déjà vécu des moments de flow ! Trouvez les activités qui vous mettent en flow et instituez-les en routine.

Faire de chaque instant une expérience optimale

Mieux : créez des moments de flow dans chacune de vos activités ! Cherchez ce qui vous plaît en chaque chose, et challengez-vous dessus à la mesure de vos capacités... Vous devez préparer le repas ? Pourquoi ne pas pimper vos recettes ? Vous travaillez sur un dossier ennuyeux ? Comment y intégrer ce qui vous passionne, comment le rendre challenging ? La vie sera plus intense et joyfull !

Mes moments de flow

Les moments de flow sont des instants intensément satisfaisants. Listez les activités qui vous mettent dans un état de flow et pratiquez-en une aujourd'hui. Cherchez à créer des instants de flow chaque jour, dans chacune de vos activités, dans chaque domaine. Faire cette liste peut même être un moment de flow !

MES MOMENTS DE FLOW AU TRAVAIL

(Quelles tâches vous absorbent, vous enthousiasment et vous stimulent à la fois ?)

MES MOMENTS DE FLOW EN SPORT

(Dans quels sports ou moments sportifs vivez-vous ces états de grâce lorsque votre corps semble voler, relever tous les challenges et se surpasser, vous plongeant dans un état quasi méditatif de bien-être ?)

MES MOMENTS DE FLOW CRÉATIFS

(Quelles activités vous absorbent, vous enthousiasment et vous stimulent à la fois ?)

MES MOMENTS DE FLOW SPIRITUELS

Mon yoga flow

Il est possible d'expérimenter le flow dans son corps : il s'agit alors d'être en pleine conscience, parfaitement connectée à son corps, lors d'une activité qui mobilise tout votre potentiel physique et vous procure du bien-être. En yoga, on utilise le terme « flow » pour désigner un enchaînement fluide de postures… et c'est l'occasion d'expérimenter cette sensation !

Recommencez l'enchaînement 4 fois de chaque côté
Inspirez sur les mouvements d'extension, expirez sur les mouvements de flexion

Mon petit rituel créatif

Redessinez l'illustration ci-dessous à l'envers (la tête en bas) : un excellent moyen de court-circuiter votre cerveau gauche et de libérer votre créativité. Pour un moment de flow garanti !

MES RITUELS BONUS

Positive body

Mon flow en training

Le flow peut s'expérimenter dans le sport, lorsque l'activité sportive engage tout notre potentiel, nous amène à nous dépasser en nous apportant du plaisir, un sentiment de satisfaction et de plaisir sans nous mettre KO. On entre alors dans un état de conscience modifié, où l'attention est entièrement focalisée sur l'objectif, à tel point que l'on oublie toute notion du temps. Pour y parvenir, il faut bien sûr se fixer de bons objectifs (voir la méthode p. 54). Mais définir les sensations attendues permet de se guider vers le flow : si vous ressentez du plaisir, c'est que vous êtes sur la bonne voie, si vous souffrez ou que vous vous ennuyez, c'est que le défi est trop difficile ou pas assez.

Positive lifestyle

Mon rituel de créativité quotidienne

Expérimenter le flow, c'est être en pleine conscience permanente, ouverte à chaque opportunité, mobilisant son plein potentiel à chaque seconde. Il s'agit d'une créativité de chaque instant. Au quotidien, osez tester de nouveaux moyens de faire des choses habituelles : prenez par exemple aujourd'hui un nouveau chemin pour vous rendre au travail, ou pour rentrer chez vous. Et soyez à l'affût des opportunités qu'il vous offre !

Positive mind

Ma méditation de flow

Fermez les yeux et prenez 3 profondes respirations. Rouvrez les yeux et observez ce qui vous entoure… sans attente… Respirez… Observez ce que cela provoque en vous… Puis reprenez une profonde respiration et appréciez encore quelques instants les bienfaits de cette séance.

Mercredi

ENERGY BOOSTER !

La positive attitude repose beaucoup sur notre énergie vitale. Non seulement celle-ci présage d'un bien-être physique et d'une relation positive à son corps, mais être pleine de peps offre la dynamique nécessaire pour lancer des projets. La vie devient alors une aventure, plus intense et plus vibrante!

L'energy food

De nombreuses études ont maintenant prouvé que ce vous mangez a une influence directe sur votre énergie, mais agit aussi sur votre cerveau et sur votre humeur. Avant tout, il est important d'avoir une alimentation équilibrée au quotidien, qui apporte les nutriments nécessaires pour un fonctionnement optimal du corps. Cela garantit son bien-être, sa force et sa vitalité. Certains aliments en particulier sont de vrais concentrés de vitamines, de minéraux, d'antioxydants, d'acides aminés et d'oligoéléments. Ces superaliments vous apportent déjà instantanément une sensation de réconfort, mais ils stimulent en plus la production de vos hormones de bien-être comme la sérotonine, la dopamine et l'endorphine. Ces aliments revitalisants puissance 10 vont non seulement vous redonner la pêche, mais vont aussi vous aider à contrôler votre glycémie, et ainsi à réguler votre appétit et donc votre poids. Le petit plus : ils renforcent votre système immunitaire, De l'énergie pure à consommer pour booster votre énergie positive! Consommez-les autant que possible dans le cadre d'une alimentation équilibrée et variée!

Energy lifestyle

Planifiez bien aussi chaque semaine vos séances de sport, qui favorisent la sécrétion de sérotonine, la fameuse hormone de la bonne humeur. Et bien sûr, pour booster votre vitalité sous tous ses aspects, en plus de prendre soin de votre alimentation et de maintenir un bon rythme d'activité physique, veillez à dormir le mieux possible, car la qualité de vos journées dépend beaucoup de la qualité de vos nuits!

Objectif : motivation !

Énergie et motivation sont cousines. Car, oui, les pensées peuvent donner l'énergie d'agir ! Les affirmations positives peuvent programmer votre cerveau à vous donner la force, la motivation et à diffuser vos good vibes !

Mes affirmations positives

Les mots que vous utilisez influencent votre état d'esprit. Bannissez les termes négatifs de votre vocabulaire et répétez-vous chaque matin et chaque soir des affirmations positives pour muscler votre subconscient, pour vous programmer. Écrivez sur les rayons du soleil ci-dessous les mantras qui vous boostent, vous motivent et vous donnent de l'énergie !

Ma recette box énergie

Composez chaque jour des repas qui vous donnent la pêche ! Sur ce schéma, notez vos ingrédients chouchou (quelques idées ci-dessous). Mixez-les différemment chaque jour pour obtenir une infinité de recettes !

- ½ de légumes

- ¼ de protéines animales ou végétales : viande, poisson, œufs, produits laitiers, légumineuses, yaourts végétaux (en dessert ou comme sauce)

- ¼ de céréales complètes

- 1 c. à s. de matière grasse végétale

- Un peu de fruits (en dessert ou en topping dans votre plat)

- Des épices

- Éventuellement quelques graines ou oléagineux en topping

Les super fruits : banane, citron, kiwi, ananas, litchi, noix de coco, pruneau, myrtille, mûre sauvage, cassis, framboise, cerise, fraise, abricot, grenade, acérola, fruit du baobab…

Les super légumes : épinards, brocoli, chou frisé, chou vert, chou blanc, chou-fleur, chou de Bruxelles, tomate, avocat, courge, butternut, citrouille, fenouil, melon…

Les super graines : quinoa, graines de lin, graines de tournesol, graines de chia, graines de caroube, graines de chanvre, graines germées…

Les super légumineuses : lentilles vertes, lentilles corail, lentilles noires, pois cassés, pois chiches, flageolets, fèves, haricots rouges, haricots verts, haricots blancs…

Les super céréales : riz complet, riz noir, pâtes complètes, blé complet, son d'avoine, épeautre, orge, millet…

Les super oléagineux : noix, amandes, noix du Brésil, pistaches, arachides…

Les super baies : baies de goji, baies d'açaï…

Les super racines : gingembre, maca, curcuma, betterave…

Les super herbes : ortie, camomille, citronnelle, hibiscus, anis…

Les super huiles : huile de noix de coco, d'olive, de pépin de raisin, de canola, de lin, de colza, huile de noix, huile de sésame…

Mon tracker de sommeil

Et bien sûr, pour booster votre vitalité sous tous ses aspects, veillez aussi à dormir le mieux possible. Complétez le sleeptracker ci-dessous dès aujourd'hui et durant 1 semaine. Vous pourrez ainsi voir combien de temps de sommeil vous est nécessaire pour être en pleine forme, efficace et d'humeur positive, vous pourrez identifier vos heures de coucher et de réveil idéals (correspondant à vos heures de coup de fatigue et de réveil spontané).

	Ex	Jour 1	Jour 2	Jour 3	Jour 4	Jour 5	Jour 6	Jour 7
19 H								
20 H	20h15							
21 H								
22 H	22h30							
23 H	23h15							
00 H	*							
01 H	*							
02 H	*							
03 H	*							
04 H	*							
05 H	05h15							
06 H	*							
07 H	wc 07h10							
08 H	08h30							
09 H	09h00							
10 H								
11 H								
12 H								
13 H								
14 H								
15 H								
16 H								
17 H								
18 H								
Vitalité Réveil /10								
Bonheur Journée /10								

Légende

- heure du coucher
- heure d'endormissement
- dodo
- réveil spontané du matin
- réveil par la sonnerie du réveil
- heure du lever
- réveil nocturne rapide
- insomnie de plus de 20 minutes
- WC pipi en pleine nuit
- prise d'un somnifère
- fatigue/coup de barre en journée ou en soirée
- nombre d'heures de sommeil

L'indice : les cycles du sommeil durent 1 h 30. Ils se succèdent pendant la nuit et se jouent en sourdine pendant la journée. Le rythme des coups de barre en journée et des réveils la nuit devraient les dessiner.

Mes rituels bonus

Positive mind

La posture du héros

Pour ressentir instantanément de la confiance et apprécier cette force qui vit déjà en vous, écartez légèrement les pieds, bien ancrés au sol, redressez les épaules et la tête, regardez droit devant vous au loin et posez les mains sur vos hanches comme un superhéros.

Positive body

Verre d'eau magique

Prenez l'habitude d'imaginer que l'eau que vous buvez est une eau magique, qui vous nettoie de l'intérieur, tout en vous apportant précisément l'énergie vitale dont vous avez besoin. Répétez-vous mentalement en buvant : « Cette eau me redonne une belle énergie. »

Les petits sauts de ressourcement

Il est important de connaître quelques moyens efficaces pour vous ressourcer en cas de fatigue ou de baisse de moral. Par exemple : faites 30 petits sauts sur place, puis écartez les pieds, fermez les yeux et observez les sensations. Vous voilà redynamisée pour quelques heures !

Mes smoothies de saison

Les smoothies vitaminés boostent l'énergie et font positiver ! Les bons mix : smoothie banane-fraise en été, prune-raisin en automne, pomme-kiwi en hiver et poire-pamplemousse au printemps ! Rendez-les plus onctueux avec un peu de lait végétal et optez pour des fruits de saison frais, locaux et bio !

Positive lifestyle

Mon rituel de 5 minutes au soleil

Le soleil favorise la synthèse de votre vitamine D, réduit votre pression artérielle, stimule votre oxygénation, booste votre système immunitaire, contribuant à votre bien-être à court et à long terme. Prenez votre dose chaque jour, 5 minutes, en pleine conscience (le matin en ouvrant les rideaux, le midi pendant votre pause déj, le soir sur le trajet de retour).

Jeudi

LE POUVOIR DE L'ÉMERVEILLEMENT

Nous avons beau être des adultes indépendants et responsables, n'en oublions pas pour autant les plaisirs simples de notre âme d'enfant. Nous pouvons trouver dans chaque instant, chaque événement, chaque rencontre, l'occasion de déployer notre positivité grâce à la diversité de ce que proposent le monde et la vie. Il n'est jamais trop tard pour s'affranchir de notre quotidien si sérieux et faire de la place à la magie environnante. En acceptant de vous laisser bercer par l'émerveillement face à la beauté, la curiosité, la découverte, le mystère, la nouveauté ou même quelque chose de plus grand, vous ouvrez la porte de tous les possibles et de l'optimisme ! N'ayez plus peur d'avoir la tête dans les étoiles !

Retrouvez votre âme d'enfant !

Combien d'enfants devenus adultes ont abandonné leurs rêves et délaissé leurs passions ? Au gré de nos expériences et de notre vécu, notre vision du monde change, nous portons sur le monde un regard plus pragmatique, moins spontané. Pourtant, les sources d'émerveillement se trouvent là, sous nos yeux, à portée de main. Cela ne signifie pas un retour en arrière, cela ne signifie pas d'abandonner votre maturité. Il s'agit seulement de contacter votre essence profonde et authentique, car ce que vous aimez, ce qui vous fait vibrer, tout cela nourrit votre énergie et votre optimisme. Une vraie force, qui fait pétiller les yeux ! Essayez régulièrement de changer de posture, de vous libérer de vos croyances limitantes, de vos préjugés, des injonctions et des diktats et de vous réaligner avec vos valeurs profondes.

Contactez votre magie intérieure et déployez-la

Soyez attentive aux petits bonheurs de la vie, documentez-vous sur ce qui vous intéresse, renouez avec vos passions, laissez-vous surprendre par l'inattendu, amusez-vous d'un rien ! Bref, laissez-vous toucher par ce qui vous entoure, laissez-vous nourrir intellectuellement, émotionnellement et physiquement. À vous ensuite de déployer vos passions, d'aller au bout de vos curiosités, de cultiver ces sources de flow. En regardant la vie avec des yeux d'enfant, vous allez retrouver de la légèreté, de l'insouciance, le plaisir de la découverte et des premières fois et vous ouvrir à un nouveau monde où tout est possible, surtout le meilleur !

Ma checklist de magie

Créez votre checklist des choses magiques. Notez-y tout ce que vous trouvez magnifique, magique ou merveilleux… Vous pourrez compléter cette liste chaque fois que vous vous émerveillerez devant une nouvelle plante, un nouveau paysage…

Mon bingo cabinet de curiosités

Boostez vos good vibes et votre enthousiasme en vous challengeant sur un bingo ! Le but : vous intéresser à chacun de ces éléments aujourd'hui. Coloriez-le lorsque c'est fait !

Rêve de l'enfant intérieur

L'analyse transactionnelle différencie les « états du "Moi" » : notre état de « parent », notre état d'« adulte » et notre état d'« enfant ». Oui, à l'intérieur de vous se trouve l'enfant que vous étiez, avec son enthousiasme, sa spontanéité, ses émotions intenses… Reconnectez-vous à lui pour profiter pleinement de cette journée !

Enfant…

1. J'aimais jouer à
2. J'aimais faire
3. J'aimais l'odeur de
4. J'aimais manger
5. Je rêvais de
6. J'aimais les histoires de
7. J'aimais les dessins animés parlant de
8. J'étais (traits de caractère)
9. J'aimais aller

Aujourd'hui, j'essaie de retrouver au moins une de ces émotions en …

1.
2.
3.
4.
5.
6.
7.
8.
9.

Mes rituels bonus

Positive spirit

Ma pierre merveilleuse

En litothérapie, la citrine est une pierre favorisant l'optimisme et aidant à transformer les pensées négatives en pensées positives. Elle sera parfaite pour vous apporter des bonnes vibes et pour vous aider à diffuser les autres, notamment en contribuant à votre curiosité, votre enthousiasme et votre capacité d'émerveillement. En pierre roulée ou en bijou, ayez toujours une citrine à portée de main. Vous pouvez ancrer vos intentions d'émerveillement en elle : fermez les yeux, pensez fort à votre intention et faites-la passer dans la pierre.

Positive mind

Ma checklist « so exciting »

L'enthousiasme nourrit le bonheur dans sa facette dynamique, il vous aide à vous sentir vivante ! Qu'est-ce qui vous enthousiasme ? Avez-vous des projets, des rêves, des envies, des activités qui vous font vibrer ? Entamez donc une checklist so exciting !

Positive lifestyle

Ma photothérapie

Aujourd'hui, instagramez toutes les jolies choses que vous verrez qui vous émerveilleront (le détail d'une fleur ou d'un tissu, une rue insolite, un tag artistique caché en haut d'une façade, un verre convivial pris entre copines, des amoureux qui ont oublié le monde autour d'eux…). C'est le moment de tester votre nouveau Smartphone et sa fonction macro !

Vendredi

LE POUVOIR DE LA CONFIANCE EN SOI

Changer sa vie pour plus de positif demande de la confiance en soi. Oui, il en faut pour poursuivre ses aspirations, pour développer ses relations, bref, pour tout ce qui participe à la positive attitude.

Confiance = optimisme !

Croyez en vous, en vos capacités, votre ténacité et votre courage, vous mettrez ainsi toutes les chances de votre côté pour aller décrocher votre bonheur. En vous affirmant, vous assumerez davantage votre rôle à jouer dans votre positive attitude et vous vous prouverez un peu plus chaque jour que vous êtes capable de mettre des paillettes dans votre vie ! Plus vous boosterez votre estime et votre confiance en vous, plus vous gagnerez en optimisme, et inversement !

S'affirmer pour rayonner

Pour vous affirmer, vous devez trouver la bonne attitude entre passivité et agressivité. En étant passive, vous n'exprimez et ne tenez jamais compte de vos propres besoins. En étant agressive, vous n'écoutez et ne prenez pas en compte les besoins des autres. Osez affirmer vos désirs en respectant ceux des autres, et vos chances d'obtenir ce que vous voulez ne feront qu'augmenter ! Les clés de l'affirmation sont simples, des réflexes à adopter au quotidien qui deviendront naturels : faire le premier pas, adopter une posture ouverte (se tenir droite, ouvrir les épaules et décroiser bras et jambes), regarder ses interlocuteurs dans les yeux, sourire, exprimer clairement ses intentions, ses émotions et ses besoins, tout en veillant à écouter, accepter et respecter ceux des autres, et enfin oser dire non avec bienveillance !

Je crois en moi donc je suis

En vous répétant que vous êtes capable et que vous allez réussir, vous serez déjà sur le chemin du succès. Repérez vos atouts, voyez en quoi ils peuvent vous aider à atteindre vos objectifs, concentrez-vous sur vos qualités, celles qui vous permettront de vous dépasser ! Portez les vêtements qui vous donnent de la force, dans lesquels vous vous sentez bien, et côtoyez des personnes qui savent souligner vos points forts, qui vous soutiennent et vous encouragent.

Mes croyances positives

« Quand on veut on peut », « Le meilleur reste à venir », « Il y a du bon en chacun », « L'échec n'existe pas », « Mon bonheur ne dépend que de moi »… Identifiez les phrases comme celles-ci auxquelles vous croyez profondément et notez-les sur ces bracelets comme des repères qui vous guident chaque jour et vous donnent confiance en vous.

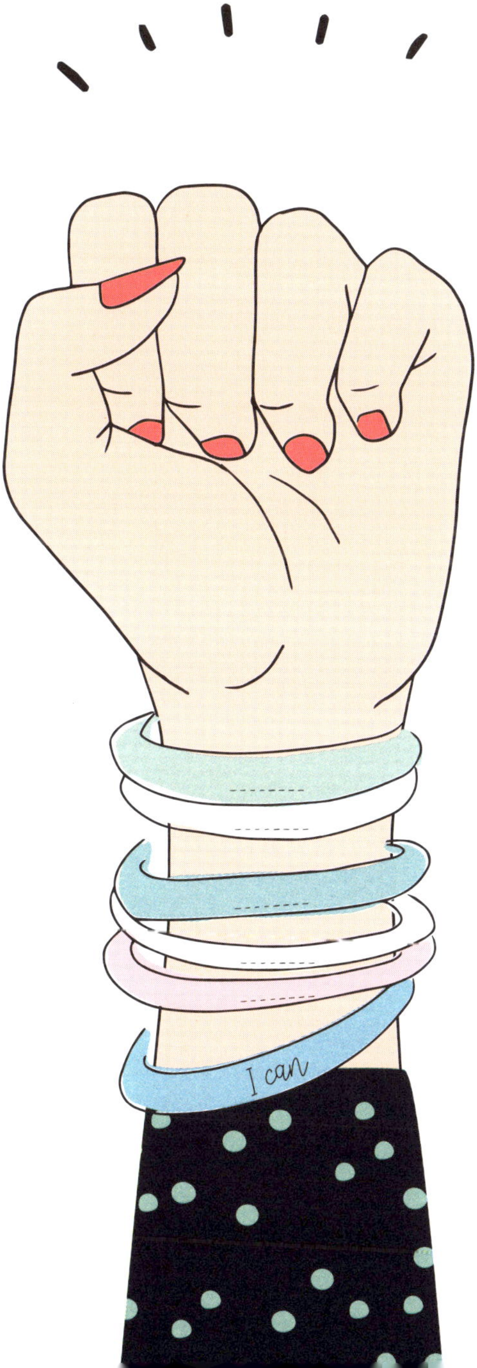

Mes couleurs de pouvoir

Quelles sont les couleurs qui éveillent en vous les plus belles émotions ? Par exemple, le bleu représente pour vous le rêve, la liberté… Le jaune, la joie, l'enthousiasme… Identifiez les couleurs chères à votre cœur et portez ou entourez-vous au maximum de ces couleurs : s'entourer de ce qu'on aime nous donne de la confiance. Mieux : aujourd'hui, choisissez pour votre tenue la couleur qui inspirera le charisme aux yeux des autres. Vérifiez l'impact de votre choix sur les personnes que vous croiserez !

Le rouge représente pour moi ------------------------------------

Le bleu représente pour moi ------------------------------------

Le vert représente pour moi ------------------------------------

L'orange représente pour moi ------------------------------------

Le rose représente pour moi ------------------------------------

Le violet représente pour moi ------------------------------------

LE TOP DE MES COULEURS DE POUVOIR ET DE CONFIANCE EN MOI :

------------------------ ------------------------ ------------------------

------------------------ ------------------------

Ma bulle de confiance

Aujourd'hui, boostez votre confiance : imaginez une bulle qui vous entoure, transparente, peut-être légèrement colorée… Cette bulle ne laisse entrer que la force et la lumière, elle se remplit ainsi, vous protégeant et vous donnant le courage d'avancer. Cette technique est très efficace lorsque vous êtes confrontée à une situation déstabilisante.

Les compliments reçus qui nourrissent ma confiance

Mes compétences qui nourrissent ma confiance en moi

Mes rituels bonus

Positive lifestyle

Mes élixirs floraux de la confiance

Les élixirs floraux sont de subtils extraits liquides de fleurs. Chacun porte une qualité liée à l'espèce florale dont il est issu. Pour booster votre confiance, prenez 3 gouttes d'élixir de bouton d'or dans un demi-verre d'eau, à raison de 4 fois par jour entre les repas pendant quelques jours.

Positive body

Mon fil doré de la confiance

Imaginez un joli fil doré accroché à votre sternum, le point central juste sous votre poitrine. Ce fil tiré vers le ciel élève votre sternum de 2 millimètres, redressant d'un coup tout votre corps en une posture qui respire la confiance.

Positive mind

Le cercle d'excellence

L'objectif du cercle d'excellence est d'activer instantanément votre assurance en toute circonstance. Imaginez un cercle devant vous, entrez dedans et repensez à un moment d'extrême confiance que vous avez vécu. Laissez-vous envahir par cette assurance et ressortez du cercle avec elle, pour vous en servir maintenant.

Ma respiration de la confiance

Inspirez en gonflant le ventre, retenez votre souffle, puis expirez en laissant le ventre se rentrer naturellement. Continuez cette respiration abdominale plusieurs minutes, en répétant mentalement à chaque inspiration le mot « confiance », et en imaginant à chaque expiration que cette confiance se diffuse partout dans votre corps.

Samedi

Le pouvoir des aspirations

Pris dans le tourbillon du quotidien, nous avons parfois tendance à laisser de côté nos besoins et nos envies profondes, voire à les oublier. Pourtant, les aspirations nourrissent l'être. Sans tomber dans l'utopie, il est bon de s'autoriser à rêver et de se recentrer sur nos désirs oubliés, nos valeurs et nos priorités. Il peut s'agir de se réaliser dans des domaines divers et variés : changer de mode de vie, voyager, avoir un impact sur le monde. En imaginant votre vie idéale, vous commencez déjà à la construire et à reprendre les rênes de votre destin !

Se connecter à son moi profond

Derrière une aspiration, il y a plus que ce que vous avez envie de réaliser. Se pose véritablement la question de qui vous voulez être. C'est une notion directement connectée à la quête de soi. Qu'est-ce qui vous rend vivante ? Qu'est-ce qui vous fait vous sentir alignée avec vous-même ? L'idée est de ne plus laisser votre avenir entre les mains du hasard mais d'orienter vos choix en écoutant votre boussole interne, de reprendre le contrôle de votre vie en adéquation avec votre moi profond.

Avancer step by step

Faire le point sur ses aspirations, c'est retrouver ce qui est important pour soi et écarter ce qui ne l'est pas. Se recentrer sur l'essentiel. Visualiser un futur désirable va vous permettre de vous stimuler en boostant votre envie et votre énergie de faire et d'aller de l'avant. Se donner des objectifs, c'est une première étape vers le bonheur et la paix intérieure, une façon d'avancer doucement mais sûrement vers l'aboutissement de ces objectifs.

Remettre ses envies au centre de ses actions

En définissant vos aspirations profondes, vous remettez des certitudes dans votre vie, vous bâtissez des fondations stables pour vos actions à venir. Vous remettez vos valeurs au centre de votre vie, et cela vous donne plus de valeur. Vous prendrez plus de plaisir à accomplir les tâches qui vous mèneront vers la vie qui vous fait rêver. Vous donnez plus de sens à chaque journée, vous rendez chacune de vos actions plus concrète et surtout vous abordez la vie avec plus d'entrain et d'enthousiasme !

Level 10 life & goals

Pour rayonner et diffuser de bonnes ondes, il est important de développer votre positive attitude dans tous les domaines de votre vie. L'équilibre de vie est aussi un facteur essentiel d'épanouissement. Évaluez de 1 à 10 votre satisfaction dans vos domaines de vie en coloriant le diagramme selon le score. Puis fixez-vous des objectifs de vie. Par exemple, si vous constatez que votre note de plaisir personnel est bien plus faible que toutes les autres, mettez en place des stratégies pour vous accorder davantage de moments à vous-même.

9. Épanouissement personnel : EN LIEN AVEC LA CONFIANCE EN SOI, L'ESTIME DE SOI, L'AMOUR DE SOI.

1. Vie amoureuse : DANS VOTRE COUPLE OU VOTRE VIE DE CÉLIBATAIRE.

8. Actions pour le monde : DANS VOS ACTIONS ALTRUISTES, ÉCOLOGIQUES, CITOYENNES ET GÉNÉREUSES.

2. Vie familiale : AU SEIN DE VOTRE FAMILLE, CELLE DONT VOUS ÊTES ISSUE ET/OU CELLE QUE VOUS AVEZ CRÉÉE.

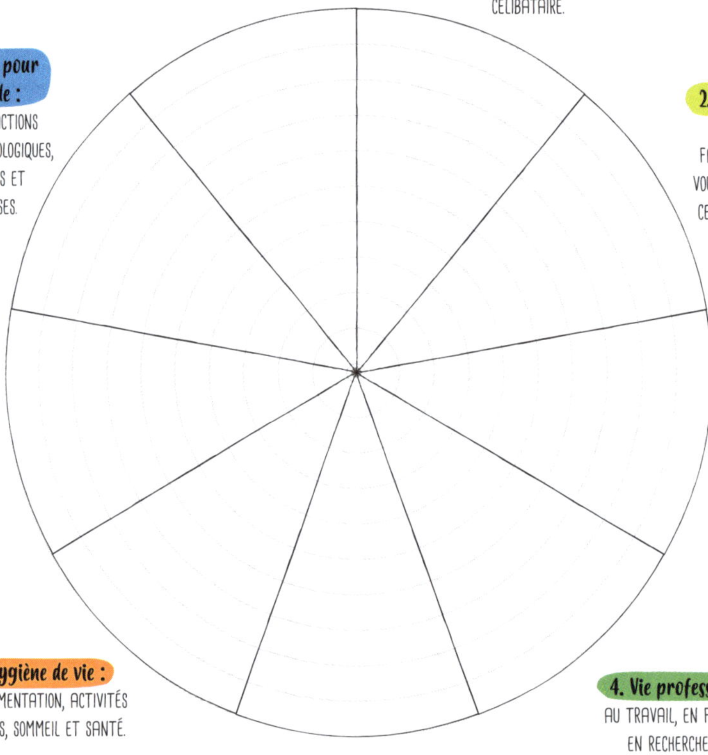

7. Gestion du quotidien : CÔTÉ TÂCHES MÉNAGÈRES, GESTION DU TEMPS, DE L'ARGENT ET DES PAPIERS ADMINISTRATIFS.

3. Vie sociale : VOTRE VIE AVEC VOS AMIS, VOS CONNAISSANCES, VOS MENTORS ET VOTRE VIE EN SOCIÉTÉ.

6. Hygiène de vie : CÔTÉ ALIMENTATION, ACTIVITÉS PHYSIQUES, SOMMEIL ET SANTÉ.

4. Vie professionnelle : AU TRAVAIL, EN FORMATION OU EN RECHERCHE D'EMPLOI.

5. Plaisirs personnels : DANS VOS LOISIRS, VOS MOMENTS DE BIEN-ÊTRE, DE DÉTENTE ET DE PLAISIR.

MES OBJECTIFS DE VIE ET MES PROJETS POUR LES ATTEINDRE :

------------------------ ------------------------ ------------------------

------------------------ ------------------------

Mon vision board

Rassemblez dans ce tableau de vision les mots ou affirmations de tout ce qui vous rend heureuse aujourd'hui et de tous les rêves et objectifs qui vous combleraient dans l'avenir. Vous pouvez aussi dessiner ou coller des photos. Ce tableau vous rappellera vos aspirations, vos rêves de vie. Regardez-le souvent pour vous en imprégner et programmer votre cerveau vers ce but !

Mes intentions positives

Les intentions sont les souhaits que vous envoyez à l'univers, et celui-ci y répondra. Concrètement, comment ça marche ? C'est simple : en posant une intention, vous mettrez tout votre cœur à ne plus seulement rêver votre vie idéale, mais à passer à l'action pour réaliser vos rêves et devenir réellement la personne que vous avez toujours voulu être. C'est la puissance de la pensée !

Cette année, je vais me sentir

Inspirante
Efficace
Authentique
Passionnée
Confiante
Optimiste
Calme
Détendue
Présente
Fière
Sereine
Émerveillée
Enthousiaste
Inspirée
Paisible
Déterminée
Disponible
Créative
Courageuse
Pleine d'amour
Curieuse
Alignée
Rayonnante
Excitée
Reconnaissante
Admirative
Organisée
Audacieuse
Libre
Tranquille
Joyeuse
Complice
Pleine d'espoir
Généreuse
Amusante
Dynamique
Autre : ....

MES RITUELS BONUS

Positive mind

Ma visualisation de la réussite

Aujourd'hui, visualisez que vous avez réalisé l'une de vos aspirations. Que ce soit dans un mois, un an ou dix ans, imaginez-vous dans cet avenir merveilleux. Laissez libre cours à votre imagination ! Immergez-vous totalement dans cette visualisation et imprégnez-vous de toutes les sensations et les émotions que vous ressentez. Cela vous donnera la force et la motivation pour vous mettre en chemin dès maintenant vers vos aspirations. Dans cette vision d'avenir, qu'est-ce qui vous a permis d'en arriver là que vous ignorez encore dans la réalité présente ? Voilà la solution de votre réussite !

Positive lifestyle

Mon fond d'écran inspirant

Utilisez votre fond d'écran d'ordinateur ou de Smartphone pour vous aider à ancrer vos intentions et à vous programmer pour vous diriger vers vos aspirations. Choisissez une image qui représente vos aspirations, elle imprégnera votre cerveau !

Positive spirit

Mon mantra du jour

Lisez le mantra du jour : « Je rêve ma vie et je vis mes rêves. » Puis réécrivez-le dans vos carnets, sur des Post-it... Vous pouvez aussi l'imprimer avec une étiqueteuse et coller l'étiquette tout en haut de votre miroir pour penser à viser plus haut !

Dimanche

PARTAGER SES GOOD VIBES

Les relations humaines tiennent un rôle important dans l'épanouissement personnel. Les personnes les plus épanouies sont celles qui, quels que soient leur âge, leur situation professionnelle, leur niveau de revenus ou leur culture, entretiennent des relations de qualité avec leurs proches. On parle ici de relations fortes, avec des échanges profonds, du partage, de la bienveillance, des encouragements... des relations qui apportent un sentiment de bien-être et de sécurité. Un bain de good vibes en somme!

Nourrir le lien avec ses proches

Entretenir une relation positive avec les autres, c'est veiller à garder un lien privilégié, authentique, simple et agréable avec chaque personne qui compte pour vous et en prendre soin dans la durée. Quelques petits gestes suffisent à cultiver des rapports sains et positifs avec les êtres qui nous sont chers : faire des compliments sincères régulièrement, oser exprimer ses ressentis, accueillir avec bienveillance ceux de l'autre, même s'ils ne sont pas positifs, être à l'écoute de ses propres besoins et de ses attentes vis-à-vis de chaque personne importante à ses yeux et savoir les partager.

En mode slow people

Vos relations peuvent répondre à certains de vos besoins. Identifiez ce que vous appréciez particulièrement dans vos relations et ce que vous aimeriez améliorer. Prenez aussi du temps pour chouchouter vos relations en communiquant mieux, la communication non violente est un outil idéal (testez la technique OSBD – observation, sentiment, besoin, demande : décrivez les faits, exprimez votre ressenti, vos besoins et une demande claire). L'analyse du langage verbal, paraverbal et non verbal et l'intelligence émotionnelle peuvent également vous aider à comprendre la personne en face. Le slow people consiste aussi à reprendre contact avec les personnes éloignées, à prendre des nouvelles de vos proches, à passer du temps avec ceux qui comptent pour vous et à vous accorder du temps pour faire connaissance avec de nouvelles personnes. Toutes ces habitudes améliorent la qualité de vos relations et contribuent bien sûr à votre épanouissement social.

Ma happy team

Composez votre happy team : parmi vos différents cercles sociaux, sélectionnez votre happy team, la shortlist des personnes qui contribuent à votre bonheur !

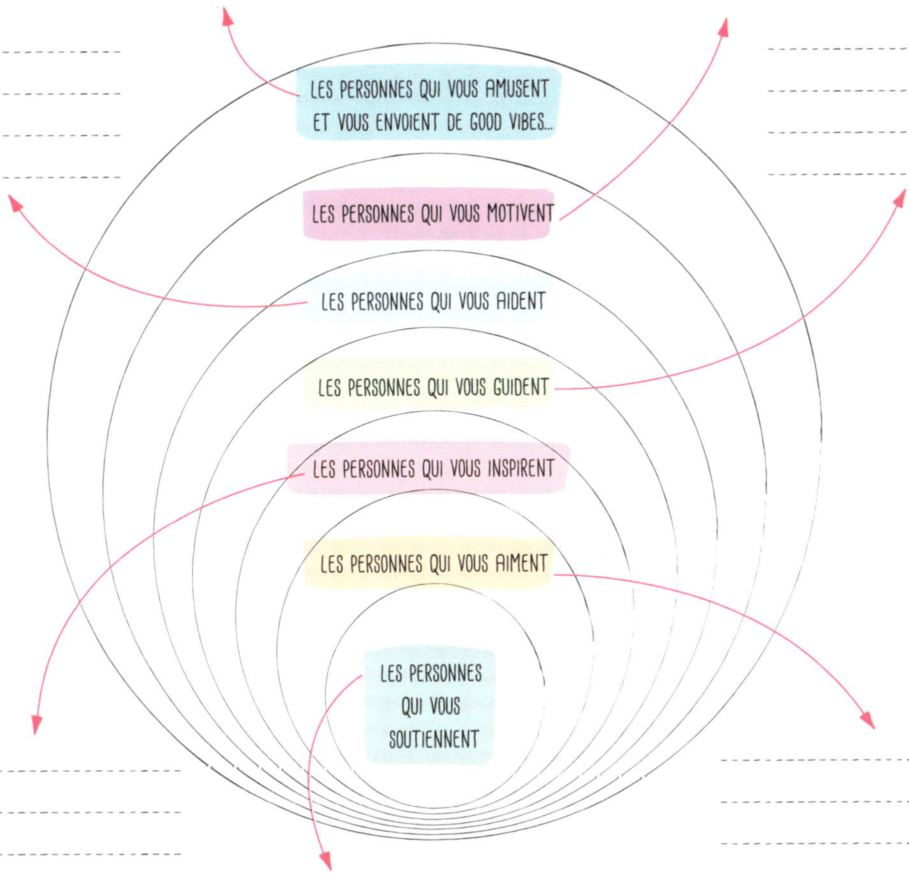

Mon arbre généalogique du bonheur

Aujourd'hui, élaborez un arbre généalogique positif de votre famille : remplissez l'arbre et, pour chaque personne, identifiez ses forces naturelles, ses valeurs, ses qualités, les beautés qu'elle vous a léguées.

Mes jolis mots

Depuis combien de temps n'avez-vous pas dit « je t'aime » à votre maman, votre papa, votre sœur, vos potes ? Listez toutes les personnes que vous aimez sincèrement et, aujourd'hui, prenez le temps d'écrire sur les Post-it ci-dessous que vous les aimez !

Mes rituels bonus

Positive body

Mes moments tout doux

Chaque moment de tendresse libère de l'ocytocine, l'hormone de l'attachement, qui fait un bien fou et renforce votre lien avec les autres. Un câlin, un bisou, une caresse, vous nicher dans les bras de l'autre… Multipliez-les !

Positive mind

Ma belle déclaration d'amour

Vous sentir aimée est l'une des plus belles émotions que vous pouvez ressentir… Fermez les yeux et rappelez-vous une jolie déclaration d'amour qu'on vous a faite… Revivez ce moment comme si vous y étiez et laissez-vous envahir par tout cet amour…

Positive lifestyle

Le bracelet de l'amitié

Certains objets symbolisent nos relations les plus importantes : l'alliance, un bracelet de l'amitié, un bijou ou un objet qui vient de notre mère… Pensez à toutes les relations qui comptent pour vous et demandez-vous pour chacune quel objet représente votre lien unique. Parlez-en avec la personne en question, cela renforcera encore ce lien.

SEMAINE 3

La vie ENVOIE DES PAILLETTES !

Il existe un secret : on attire ce qu'on diffuse, et envoyer de bonnes ondes à l'univers est la garantie de recevoir plein de cadeaux en retour. Vous cultivez à présent cet état d'esprit positif qui vous mènera au bonheur et à l'abondance, à une vie riche dans tous les domaines : riche de belles émotions, de belles rencontres, de beaux projets, de satisfaction… Il ne reste plus à présent qu'à profiter de l'abondance. La vie répond à tous vos besoins, à vos envies, et même plus !

Laissez entrer la magie !

Lundi

LOVE VIBES EVERYWHERE

Lorsque votre esprit et votre cœur sont en phase, qu'ils ne font plus qu'un, alors vous êtes invincible. L'amour donne des ailes, permet de surmonter les épreuves, de relever les challenges, de se transcender et de s'épanouir. Avancer dans la vie avec amour, c'est multiplier ses chances de bonheur et de réussite. *Last but not least…* se concentrer sur l'amour et en distribuer autour de soi, c'est aussi réduire la place que l'on accorde au négatif.

L'amour des autres

En vous sentant appréciée à votre juste valeur, aimée sans conditions, vous augmenterez votre estime de soi et vous aurez l'impression d'avancer au quotidien entourée d'une bulle de love protectrice. Si se sentir et se savoir aimée est extrêmement réconfortant, aimer les autres sincèrement et sans attente est tout aussi bénéfique. C'est ça, la beauté de l'amour, un échange gagnant-gagnant à tous les niveaux !

L'amour de soi

Même si l'amour que vous partagez avec vos proches semble vous combler, vous ne devez pas négliger l'importance de l'amour que vous vous portez à vous-même. Il s'agit ici de vous accepter et de vous aimer profondément avec vos forces et vos imperfections ! Apprendre à s'aimer, à faire la paix avec des expériences douloureuses ou avec un corps que l'on a un peu déprécié, cela permet d'être forte et autonome à l'intérieur. Une fois que vous vous sentirez à votre place, pleine d'amour pour votre personne, vous serez encore plus disposée à recevoir l'amour des autres et à en donner.

L'amour universel

Il existe bien d'autres formes d'amour encore plus grandes qui peuvent contribuer à apporter plus de positif dans votre vie : l'amour de la nature et des animaux, de la vie, d'un dieu ou encore de la planète et de l'Univers tout entier ! Plus vous porterez un regard aimant sur ce qui vous entoure, plus vous relèverez la magie de la vie, de quoi maximiser sa positivité au quotidien !

Ma lettre de pardon

Écrire une lettre de pardon permet de se libérer de toutes les émotions négatives (colère, culpabilité) que l'on ressent afin de ne laisser la place qu'à l'amour. Aujourd'hui, écrivez une lettre de pardon à quelqu'un à qui vous en voulez (un parent, une amie très chère, votre ex). Décrivez les circonstances de la dispute de départ, ce que vous avez ressenti sur le moment et ce que vous avez encore sur le cœur aujourd'hui. Puis écrivez à cette personne que vous lui pardonnez ou, au moins, que vous aimeriez pouvoir lui pardonner.

Love vibes

Votre corps, lui aussi, est un diapason d'amour ! Donnez de l'amour à votre corps et diffusez-le à travers lui grâce à ce rituel de visualisation !

Fermez les yeux et prenez 3 profondes respirations.

Imaginez votre cœur qui bat, qui s'illumine un peu plus à chaque battement.

Il rayonne et diffuse cet amour dans tout votre corps...

... puis tout autour de vous...

... et même dans tout l'univers...

Appréciez-en les bienfaits quelques instants.

Mes sources d'amour

Il existe plusieurs formes d'amour… Quelles sont vos principales sources d'amour en ce moment ? Votre conjoint, vos enfants, vos ami.e.s, un ou des membres de votre famille, votre chat, la nature… ? Ouvrez votre cœur à l'amour et puisez-le de toute part ! Notez vos sources d'amour ci-dessous.

MES RITUELS BONUS

Positive lifestyle

Mon bracelet good vibes

Trouvez ou offrez-vous un bracelet que vous pourrez facilement passer d'un poignet à l'autre. Chaque fois que vous vous surprendrez à réagir de façon pessimiste, changez votre bracelet de poignet. Votre objectif : rester 21 jours avec le bracelet au même bras !

Positive spirit

Mon mantra de guérison

Dans la culture hindouiste, il est courant de se répéter un mantra pour guérir. Lorsque vous vous sentez mal dans votre corps ou votre tête, fermez les yeux, et répétez-vous 12 fois les sons suivants : Ra Ma Da Sa Sa Say So Hong. Ces 8 syllabes stimulent le flux d'énergie qui circule dans votre colonne vertébrale. Pour vous offrir des love vibes et de l'abondance !

Positive mind

Mon rituel de bisou du matin

Les bisous, c'est bon pour la santé et pour le moral ! En commençant chaque journée avec un bisou à votre amoureux, à vos enfants, à vos colocs et même à votre chat, vous vous offrez un shoot d'hormones de bonne humeur pour bien démarrer la journée et diffuser vos love vibes !

Mardi

L'ABONDANCE DE LA NATURE

Évoluer dans un environnement sain, vivant, beau, est une source de bien-être indéniable et contribue à la positive attitude. Encore plus lorsqu'on en prend conscience. La planète constitue notre environnement premier, et celle-ci recèle des trésors auxquels nous ne faisons plus forcément attention. Pourtant, l'abondance est partout autour de nous. Il suffit de se reconnecter à la nature et à nos racines profondes pour remarquer tout ce que la Terre nous offre : ses beautés, sa nourriture, ses bienfaits, et tant d'autres choses…

Saisir la beauté de la nature

Au fil des révolutions de la Terre, des saisons, des cycles du soleil, de la lune et de la vie, la nature se révèle et se réinvente inlassablement sous nos yeux. Nous avons parfois tendance à nous concentrer sur nos préoccupations quotidiennes et à oublier cet enchantement. Il ne tient pourtant qu'à nous d'ouvrir les yeux (et le cœur) pour percevoir le beau et repérer l'harmonie dans tout ce qui nous entoure. Dans un coucher de soleil, un papillon qui sort de sa chrysalide, un bourgeon qui éclot, un enfant qui grandit… Chaque endroit, chaque instant, chaque saison a son lot de beauté à offrir, profitez-en !

Connexion avec la terre

À l'échelle de l'univers et de la planète, nous sommes des êtres minuscules dont l'existence est conditionnée par des milliers de facteurs qui se sont tous un jour alignés. Il est parfois bon de se rappeler combien la nature est bien faite et de chérir notre lien un peu magique avec cette terre qui nous accueille et nous donne tant. Pour raviver votre connexion avec la nature, vous avez l'embarras du choix : vous promener dans un espace naturel, méditer, observer les nuages, faire des salutations au soleil… De quoi puiser de la confiance en la vie et des ondes positives à gogo !

Mon autel de saison

Aujourd'hui, regroupez des éléments de saison ramassés dans la nature sur une étagère ou une table basse, tel un petit autel laïque devant lequel vous pourrez méditer et pratiquer vos exercices de pensée positive. Placez-y des pierres, des feuilles séchées et nouées par un beau ruban, des fleurs séchées sous une cloche, des plumes, des coquillages, une bougie, une intention écrite sur une feuille… Sinon, vous pouvez tout simplement colorier l'autel ci-dessous ! Cela vous permettra de célébrer la saison.

Rituel d'ancrage à la Terre

Reconnectez-vous à votre corps, ancrez-vous à la Terre et au monde avec ce rituel ! Rendez-vous dans un parc, un jardin, en forêt. Visualisez des racines qui descendent de vos pieds, plongent dans la terre et se relient à tout le réseau vivant souterrain. Levez les bras et imaginez que ce sont des branches allant jusqu'au ciel et enveloppant le monde.

Love earth

Prenez conscience de toutes les richesses de la nature : la mer mystérieuse, les forêts magiques, les natures sauvages, les animaux… Puis fermez les yeux et imaginez que vous êtes une baleine, tout au fond de l'océan, bercée par le roulis. Bercez-vous pendant 5 minutes, et décrivez vos émotions, vos sensations, là, tout au fond de l'océan…

Mes rituels bonus

Positive body

Mon rituel d'earthing

Pour vous recentrer sur l'abondance qui existe dans votre vie et être sûre de ne pas vous égarer de votre chemin de vie, prenez régulièrement le temps de marcher pieds nus en pleine nature. Cultivez cette pratique simple : reconnectez-vous à la terre, à vos racines, et ressourcez-vous grâce à l'énergie naturelle du sol.

Positive lifestyle

Mon bain nature

Ressourcez-vous dès que vous en avez l'occasion en vous baignant dans une rivière, un lac, un étang, la mer ou l'océan. Vous pouvez aussi vous offrir un bon bain dans les eaux chaudes des sources naturelles, des eaux thermales ou même dans un bain naturel de boue !

Positive mind

Ma méditation sur les bruits de la nature

Le chant des oiseaux au réveil, le bruit des vagues, de la rivière, d'une cascade ou de la forêt… Ces sons naturels sont apaisants et vous aident à vous ressourcer, à vous connecter à l'instant présent et à percevoir l'abondance de la nature. Prenez chaque jour quelques minutes pour les apprécier.

Mercredi

LE POUVOIR DES PROJETS

L'abondance survient lorsque l'Univers comble vos désirs. Le sentiment de complétude ultime ? Vous sentir parfaitement à votre place, en phase avec vous-même, enfin réalisée. Il s'agit ici de comprendre pour quoi vous êtes faite, quelle est votre rêve ultime, votre mission de vie. La clé d'une abondance totale, à la fois intellectuelle, émotionnelle, relationnelle et même spirituelle. Le bonheur !

Se recentrer sur l'essentiel

Que vous manque-t-il pour être complètement heureuse ? L'idée est de prendre conscience de ce qui vous donne le plus de plaisir dans la vie, de vos ambitions personnelles et professionnelles les plus profondes et de vos rêves les plus fous ! En vous recentrant sur ce qui est vraiment essentiel à vos yeux, vous mettrez tout votre cœur à passer à l'action pour réaliser vos rêves et devenir réellement la personne que vous avez toujours voulu être.

Trouver du sens

Impossible de vivre dans l'abondance positive sans trouver du sens à votre vie. Si vos journées défilent à contre-courant de vos valeurs et sans répondre à votre besoin naturel et essentiel de contribuer à rendre le monde plus beau et à aider les autres, vous ne pourrez pas vous sentir pleinement heureuse. Avant de vous lancer corps et âme dans un projet, réfléchissez à la direction dans laquelle vous allez et assurez-vous qu'il corresponde aux valeurs qui comptent vraiment pour vous !

Ma mission de vie

Les chercheurs de psychologie positive ont mis en évidence, entre autres, une capacité commune permettant à des personnes de rebondir de façon positive malgré tous les aléas de la vie : elles croient en une mission de vie. Concrètement, il s'agit de se demander quel est le sens de sa vie sur Terre, quelle est sa mission dans ce monde et comment agir pour remplir cette mission. Avoir un but permet d'accepter plus facilement les obstacles. En ayant des projets cohérents avec votre mission de vie, vous avancez plus forte, plus confiante et plus positive vers l'avenir !

Ma bucketlist

Faire une bucketlist consiste à lister ce que vous aimeriez avoir fait avant de mourir. Voyages, expériences, projet de vie… Notez tout aujourd'hui, et cochez la case à chaque rêve réalisé !

- [ ] --
- [ ] --
- [ ] --
- [ ] --
- [ ] --
- [ ] --
- [ ] --
- [ ] --
- [ ] --
- [ ] --

Mon ikigai

« Ikigai » est un terme japonais qui désigne la raison d'être de chaque personne. Votre ikigai se trouve à la jonction entre ce que vous aimez faire, ce pour quoi vous êtes douée, ce dont le monde a besoin et ce pour quoi vous pouvez être payée. Établissez une liste pour chacune de ces catégories et recoupez le tout (cela peut se répartir entre le domaine pro et perso). C'est ainsi que vous trouverez votre équilibre de vie !

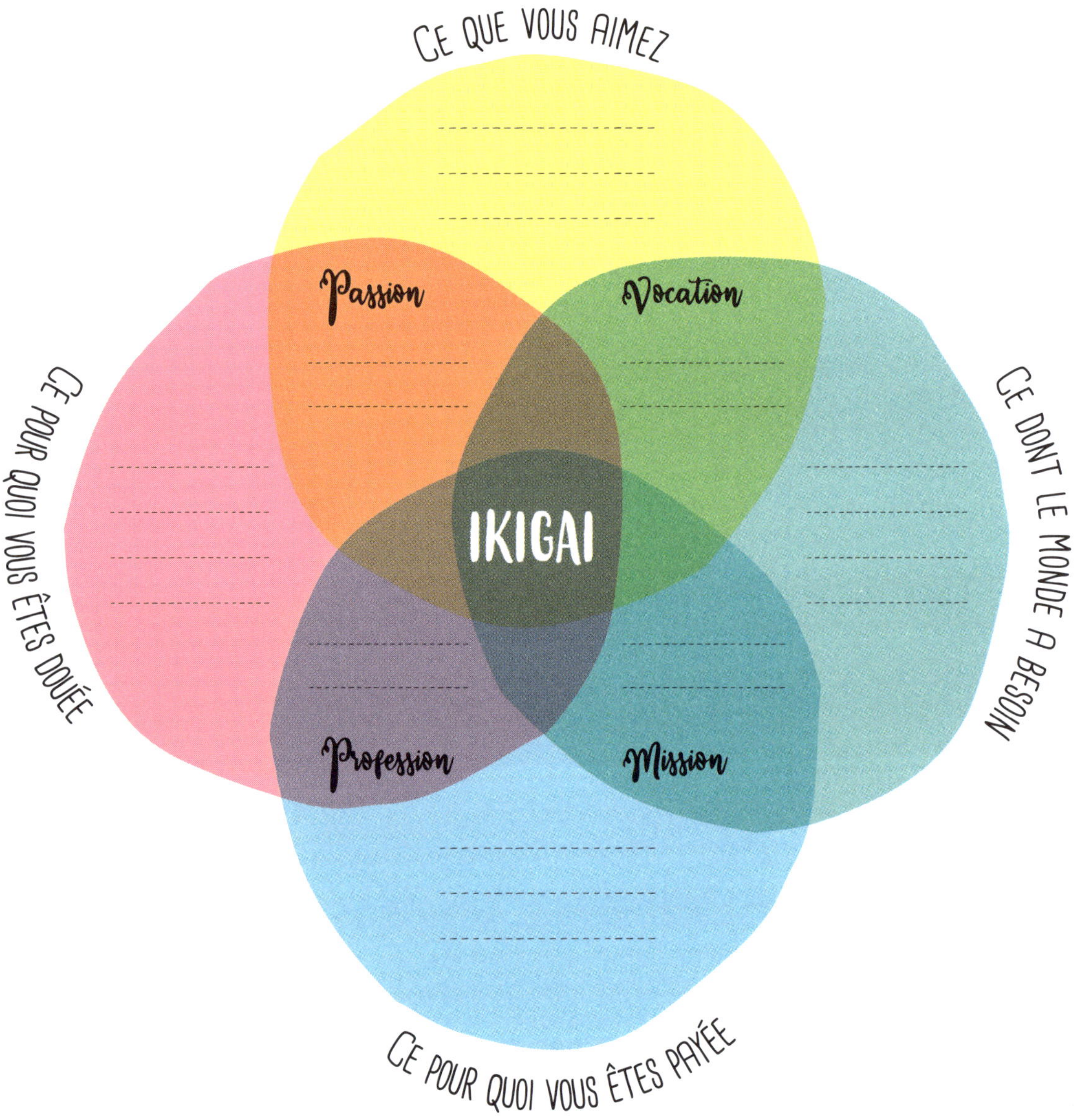

Ma timeline de vie idéale

En imaginant votre vie idéale dans 10 ans, vous conditionnez votre cerveau et votre corps à s'y préparer ! Bouger chaque jour, bien manger, prendre soin de votre corps et lancer des projets aujourd'hui deviennent une évidence pour parvenir à un tel résultat à l'avenir ! Complétez ainsi cette timeline.

2022 2023 2024 2025

À cette époque, je m'imagine (dans ma vie, dans mon corps, dans ma tête, dans mon cœur)

- - - - - - - - - - - - - - - - - - - -

- - - - - - - - - - - - - - - - - - - -

2026 2027 2028 2029

À cette époque, je m'imagine...

- - - - - - - - - - - - - - - - - - - -

- - - - - - - - - - - - - - - - - - - -

2030 2031 2032 ...

À cette époque, je m'imagine...

- - - - - - - - - - - - - - - - - - - -

- - - - - - - - - - - - - - - - - - - -

Mes rituels bonus

Positive mind

Mon rituel d'attraction

La méthode à succès de Napoleon Hill : écrivez clairement sur un papier ce que vous désirez, la contrepartie que vous êtes prête à payer, une date précise pour l'obtenir et le plan d'action précis. Puis lisez ce papier à haute voix 2 fois par jour, matin et soir, en vous imaginant chaque fois ce désir réalisé, jusqu'à y parvenir !

Positive spirit

Mon chèque d'abondance

Même si l'abondance ne repose pas que sur l'argent, pour attirer à vous la somme dont vous avez besoin pour vous sentir sereine et libre de vivre la vie de vos rêves, selon les principes de la loi d'attraction, il vous suffit d'écrire cette somme sur un chèque adressé à votre ordre, daté et signé. Votre subconscient vous guidera ensuite comme si vous aviez réellement cette somme et vous l'attirerez avec des comportements inconscients adaptés.

Positive mind

Ma technique de la solution contraire

La technique de la solution contraire consiste à envisager tous les moyens de ne pas atteindre son but. À penser à l'envers, on stimule sa créativité pour avoir de nouvelles idées et, finalement, réussir ! Aujourd'hui, listez au moins 5 choses à faire pour être sûre de ne jamais atteindre votre objectif.

Jeudi

L'ALTRUISME

L'altruisme, c'est la générosité n'attendant rien en retour. Saviez-vous qu'offrir un peu de son temps aux autres booste davantage le bonheur que s'offrir un peu de temps pour soi ? Eh oui, notre bonheur s'augmente du bonheur que l'on crée chez les autres !

Don de soi

Comme pour l'abondance, la générosité va bien au-delà de l'argent et du matériel. Vous pouvez donner de votre temps, rendre un service, apporter de la tendresse, être une oreille attentive, prodiguer des conseils, voire simplement faire acte de présence… Être généreuse avec des inconnus en faisant du bénévolat par exemple, c'est top, mais la générosité envers les personnes que l'on aime compte tout autant ! Donner est aussi un bon moyen de constater tout ce que vous avez à offrir, peut-être bien plus que ce que vous pensiez. Et hop, +1 pour l'estime de soi et la confiance, et une étape de plus vers la positive life !

Plaisir partagé

Avez-vous déjà entendu dire que le bonheur n'est réel que lorsqu'il est partagé ? Même si l'on peut tempérer ce dicton, il est certain que le bonheur est plus intense lorsqu'il implique d'autres personnes. Les notions d'échange et de partage que l'on retrouve derrière l'altruisme permettent de booster le plaisir et la joie ressentis. Dans le partage, il y a également de la transmission, une façon de créer du lien et de cultiver ce qui est important pour soi. En faisant découvrir aux autres vos passions et en partageant vos valeurs, vous vous enrichissez autant que vos interlocuteurs.

Empathie et gentillesse

L'empathie consiste à vous intéresser aux autres, à développer une écoute bienveillante, à dissocier vos émotions de celles de l'autre et à accepter l'autre tel qu'il est. En faisant preuve d'empathie, vous bâtissez un climat de confiance dans votre relation à l'autre et vous lui laissez la possibilité d'être véritablement lui-même. Ainsi, vous insufflez du positif dans la vie des autres. Pour décupler cet effet, ne lésinez pas sur les compliments (sincères), soulignez les actions positives et remerciez les gens pour qui ils sont et ce qu'ils vous apportent.

Contribution aux futures générations

Quel impact voulez-vous avoir sur les futures générations ? Il ne s'agit plus là uniquement d'actions, mais de principes, valeurs et philosophie de vie que vous voulez transmettre à vos descendants. Faites la liste de ce qui vous semble essentiel à transmettre !

J'offre des petits mots chaudoudoux

En vous inspirant du *Conte chaud et doux des chaudoudoux* de Claude Steiner, faites preuve d'altruisme en offrant de l'amour ! Aujourd'hui, passez votre journée à écrire et offrir des petits mots chaudoudoux à vos proches, à vos collègues, à vos voisins ou à des inconnus !

La liste des personnes à qui j'ai offert des petits mots aujourd'hui :

Ce que je fais pour les autres

On dit souvent que l'on reçoit ce que l'on donne, alors pour recevoir plus de plaisir dans votre vie, donnez-en encore plus ! L'altruisme, ce n'est pas uniquement s'engager dans des associations caritatives, c'est donner de soi à des personnes proches comme inconnues en se faisant plaisir !

Je peux donner des objets personnels…

Lesquels ?
(Livres, bijoux, parfums… que vous aimez et que vous avez envie de partager, pas des objets dont vous souhaitez vous débarrasser)

À qui ?

Je peux offrir mon aide…

Pour quoi ?

À qui ?

Je peux donner du temps à…

Je peux offrir mes compétences…

Lesquelles ?

À qui ?

Je peux offrir des good vibes (sourire, compliment, moment partagé…) à :

MES RITUELS BONUS

Positive spirit

Mes messages positifs anonymes

Devenez le temps d'une journée un petit ange gardien pour une collègue, un partenaire ou un client. Glissez des petits mots positifs anonymes dans des dossiers, des tiroirs, dans les rayons du magasin ou dans la poche d'un vêtement… Personne ne saura que cela vient de vous, mais vous y prendrez beaucoup de plaisir !

Positive mind

Ma méditation de l'espoir

Prenez 3 profondes respirations et fermez les yeux. Puis concentrez-vous sur vos souhaits d'un bel avenir, pour vous, pour vos proches et pour le monde… Respirez… Concentrez-vous sur ce que cela provoque en vous… Rouvrez doucement les yeux et appréciez les bienfaits de cette séance.

Positive lifestyle

Je plante un arbre

Participez à la reforestation de la planète en vous offrant un arbre. De nombreuses associations proposent de planter des arbres et des forêts à votre nom un peu partout sur Terre contre un don très modeste. Un très beau cadeau aussi à offrir, symbolique, original, écologique et durable !

Vendredi

Le pouvoir de la gratitude

La gratitude, c'est ressentir un sentiment profond de reconnaissance envers une personne ou une situation qui nous a apporté un grand bienfait. Vous êtes consciente des bienfaits qui vous sont offerts et vous ne considérez jamais qu'ils vous sont dus. Grâce à cet état d'esprit, vous percevez chaque expérience comme un cadeau. Et la vie devient votre bonne fée !

L'abondance est partout !

Pour vivre cette vie merveilleuse et extraordinaire qui vous comblera de bonheur, prenez conscience de l'abondance déjà présente dans votre vie ! Votre vie est déjà riche de plein de belles choses, vous-même portez en vous plein de richesses. Au fur et à mesure des jours, vous allez prendre conscience de ce qui vous remplit déjà de bonheur ; prenez chaque fois le temps de ressentir une profonde reconnaissance pour tout ce que vous avez déjà. Une partie de votre abondance positive est déjà là, et plus vous porterez votre attention dessus, plus vous vous permettrez de la multiplier, l'abondance attirant l'abondance !

Les 7 principales sources de gratitude

1. La gratitude pour une action : un geste agréable, une attitude qui vous touche
2. La gratitude pour une présence : un soutien bienvenu et indéfectible
3. La gratitude pour la chance : le sentiment d'avoir une vie merveilleuse, d'avoir de la chance…
4. La gratitude pour la nature : une forme d'amour envers la nature, les plantes, les animaux…
5. La gratitude pour l'Univers : le sentiment d'être reliée, connectée aux autres, au monde, à l'Univers…
6. La gratitude pour une forme de dieu : une force supérieure qui veille sur vous…
7. La gratitude pour vous-même !

Mes gratitudes du jour

Prenez le temps ce soir (et chaque soir désormais) de lister vos gratitudes du jour. Notez tout ce pour quoi vous vous sentez reconnaissante : une parole agréable, un coup de main d'un ami, une invitation, un appel, mais aussi le soleil qui a brillé toute la journée ou votre chat qui est tellement chou !

Merci, la vie !

Ce sont toutes vos expériences, tous les événements de la vie qui font de vous celle que vous êtes. Même si ce n'était pas agréable à vivre sur le moment, chaque épreuve mérite votre gratitude pour vous avoir offert un enseignement. Sur cette frise chronologique, notez les épreuves de chaque âge et leurs leçons. Aujourd'hui, remerciez-les et remerciez aussi la vie de tout ce qu'elle vous a permis de vivre de meilleur et de tout ce qu'elle vous a appris pour être toujours plus épanouie !

60 ans

65 ans

70 ans

55 ans

50 ans

45 ans

40 ans

35 ans

30 ans

25 ans

20 ans

15 ans

10 ans

5 ans

naissance

Merci à tous !

Lorsque vous pensez aux personnes qui ont eu un impact positif sur votre vie, quelle est celle qui vous vient à l'esprit en premier ? Un enseignant, un proche, un ami ? Aujourd'hui, exprimez-leur ici votre gratitude. Sentez-vous cette abondance de bienfaits dont vous bénéficiez ?

MERCI ....
POUR ....

MERCI ....
POUR ....

MERCI ....
POUR ....

MERCI ....
POUR ....

MERCI ....
POUR ....

MERCI ....
POUR ....

MERCI ....
POUR ....

Mes rituels bonus

Positive mind

Mon bain de gratitude

Offrez-vous un bain de gratitude grandeur nature en allant vous promener. Ouvrez vos yeux et tous vos sens pour remarquer toutes les belles choses de la nature et laissez-vous envahir de gratitude pour tous les bruits, les odeurs, les sensations dans votre corps…

Positive body

Mon rituel de danse intuitive

La danse intuitive est une technique de danse qui nous invite à donner libre cours à nos déplacements, nos mouvements et nos gestes, nous laissant porter par le rythme et les émotions que la musique fait naître. Aujourd'hui, dansez pour remercier la vie, le monde, l'Univers ou quelque chose de plus grand encore !

Positive lifestyle

Ma pierre de gratitude

Prenez un galet, puis écrivez dessus avec un marqueur spécial : « GRATITUDE ». Décorez-le et placez-le dans un endroit visible ou dans votre sac à main. Déplacez-le régulièrement, pour lui redonner de la valeur et penser à remercier pour l'abondance que vous obtenez déjà.

Samedi

L'ABONDANCE DE JOIE

Favoriser et encourager les émotions positives dans votre vie, et particulièrement la joie, est une excellente façon d'améliorer votre qualité de vie et votre bien-être. En effet, les émotions positives conduisent aux pensées qui favorisent les comportements positifs. Cette force émotionnelle constitue un puissant atout pour atteindre vos objectifs et réaliser vos rêves. Plus vous ressentirez de joie au quotidien, plus vous aurez de chances de mener une vie heureuse et épanouie. Notez également que la joie est une émotion contagieuse, alors préparez-vous à distribuer des arcs-en-ciel!

La joie de l'instant présent

Lorsque vous ressentez de la joie, votre cerveau l'intègre immédiatement et vous place dans un état d'esprit agréable et positif. Vous vous sentez tout de suite plus détendue, plus forte, plus ouverte d'esprit. La joie apaise le mental en éloignant les ruminations et dope instantanément la créativité. En menant une vie joyeuse, vous profitez de chaque instant et vous vous ouvrez au positif.

Du bien-être à long terme

Ressentir de la joie est aussi un investissement pour l'avenir. Le bien-être procuré par la joie va influencer votre comportement sur le moyen et le long terme en levant les barrières que vous mettiez sur votre chemin jusque-là. En accordant une véritable place à la joie dans votre vie, vous irez plus facilement vers les autres, vous vous autoriserez à essayer de nouvelles activités et à expérimenter de nouvelles choses qui pourront devenir à leur tour des sources de joie. Un cercle vertueux pour la happy girl que vous aspirez à devenir!

Cultiver la joie

Pour tirer tous les bénéfices de la joie, vous devez commencer par apprendre à la récolter. Relevez au jour le jour tout ce qui vous procure de la joie et des émotions positives, pratiquez aussi souvent que possible des activités qui vous rendent heureuse, côtoyez des personnes qui vous font sourire. Ne négligez aucun détail, tous les petits bonheurs sont bons à prendre!

Ce qui me met en joie

Qu'est-ce qui vous rend joyeuse ? Listez ici vos déclencheurs de joie, et mettez-les en œuvre dans votre vie aussi souvent que possible !

La chanson qui me rend joyeuse : ....

....

La réplique qui me rend joyeuse (ou me fait rire) : ....

....

Le film qui me rend joyeuse : ....

....

La personne qui me rend joyeuse : ....

....

La situation qui me rend joyeuse : ....

....

Le lieu qui me rend joyeuse : ....

....

Mon meilleur souvenir de joie : ....

....

Le rêve qui me donne de la joie : ....

....

Ma joymountain

Aujourd'hui, traquez votre niveau de joie au cours de la journée et identifiez ses déclencheurs pour les multiplier chaque jour !

FEU D'ARTIFICE de joie

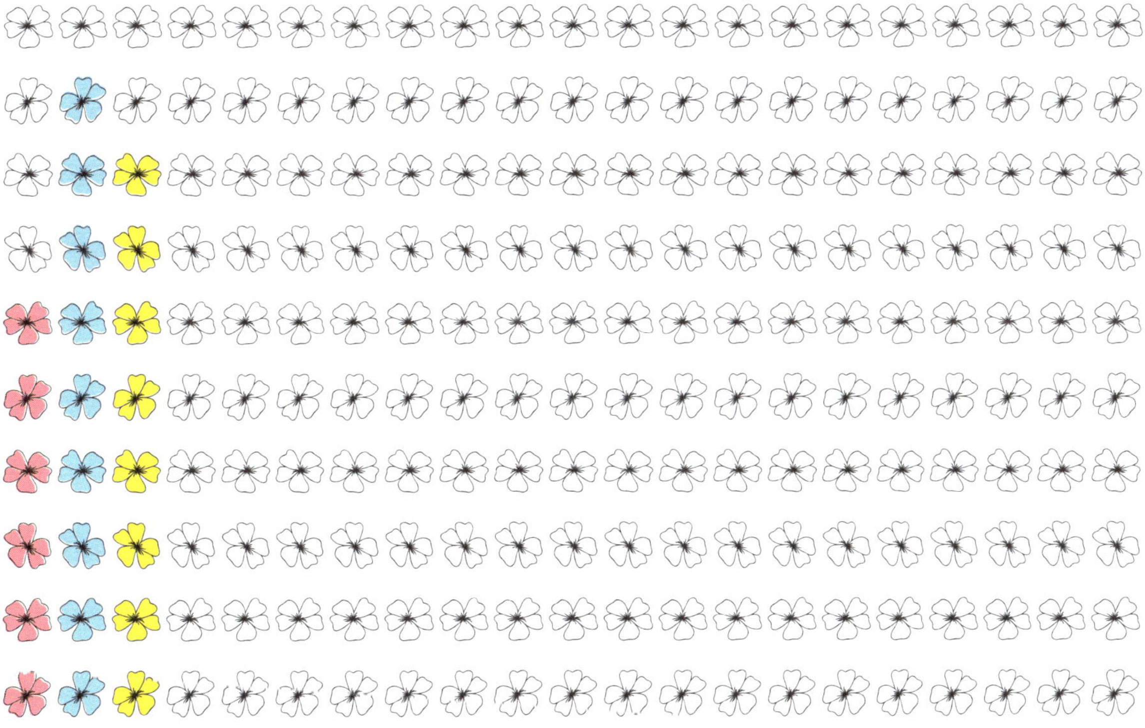

exemple 6h 7h 8h 9h 10h 11h 12h 13h 14h 15h 16h 17h 18h 19h 20h 21h 22h 23h

CE QUI DÉCLENCHE MES PICS DE JOIE

Mon bocal à bonheur

Vous recevez déjà beaucoup de joie ! Dans cette bonbonnière, collectionnez à partir d'aujourd'hui toutes les vibes de joie reçues !

Mes rituels bonus

Positive lifestyle

Mon objet porte-bonheur

Si un objet en particulier semble vous attirer la chance ou la joie, c'est qu'il contribue quoi qu'il arrive à votre bonne humeur ! Il est temps de lui rendre honneur en le remettant en valeur ! Portez-le plus souvent en posant une intention chaque fois. Et remerciez-le après chaque usage.

Positive mind

Ma méditation du soleil intérieur

Prenez 3 profondes respirations et fermez les yeux. Imaginez un soleil qui brille en vous et ressentez son rayonnement, sa chaleur et sa lumière qui se répandent dans tout votre corps et réactivent chacune de vos cellules. Respirez… Rouvrez doucement les yeux.

Positive body

Je me lève du bon pied

Authentique ou forcé, un sourire libère en nous une petite dose d'hormones du bien-être, réduisant notre stress et augmentant instantanément notre motivation et notre joie. Un sourire (même forcé) sur votre visage avant de vous lever peut ainsi vous aider à vous lever du bon pied !

Dimanche

Célébrer ses victoires

Au lieu de vous focaliser sur le négatif, les échecs et les choses qui ne se passent pas comme vous l'aurez souhaité, mettez plutôt votre énergie dans la quête du bonheur. Et pour cela, vous devez vous concentrer sur le positif et reconnaître vos succès, en somme adopter une posture de conquérante. Et si, en plus, on vous disait que cela vous fera gagner en bien-être mental, en confiance et en motivation... convaincue ?

Soyez fière de vos accomplissements

Il n'y a pas de petites victoires. Soyez fière de chacune de vos réussites, aussi minime soit-elle. L'idée est de réaliser le chemin que vous avez déjà parcouru et de reconnaître ce que vous avez été capable de faire. Vous féliciter à chaque victoire, c'est remarquer et assumer vos capacités et vos talents, c'est booster votre confiance en vous et vous donner de la force pour aller de l'avant.

Schéma positif

En célébrant vos succès régulièrement, vous faites comprendre à votre cerveau ce qui est positif pour vous, vous le conditionnez à être dans un état d'esprit joyeux et vous entraînez votre mental à réussir. Lorsque vous cherchez à ancrer une nouvelle habitude, récompensez-vous à chaque étape. Votre cerveau va associer vos efforts et vos actions à la récompense, et vous serez plus motivée et déterminée dans la poursuite de vos objectifs.

La dynamique de groupe

Pour multiplier le pouvoir de la célébration, vous pouvez miser sur l'effet de groupe. Célébrer des réussites à plusieurs renforce les liens et la complicité. Dans vos relations amoureuses, amicales, familiales et même professionnelles, fêtez les bonnes choses qui vous arrivent, même les moments les plus anodins tant qu'ils ont du sens pour vous et votre entourage.

Mur de la réussite

Aujourd'hui, créez votre mur du succès en y inscrivant vos réussites et leur date. Le composer et le relire vous reboostera !

Mes réussites d'enfance

Mes réussites d'adolescence

Mes réussites de jeune adulte

Mes réussites d'adulte

Mes réussites pro

Mes réussites perso

Mes réussites en amitié

Mes réussites en amour

Mes réussites de mère

Mes réussites de fille

Mes petites victoires

Chaque jour apporte son lot de petites victoires ! Avoir réussi à gérer tel dossier compliqué au travail, à surmonter votre timidité pour faire une demande, à garder un état d'esprit positif malgré la fatigue… Listez-les, félicitez-vous et célébrez-les en vous offrant une petite récompense !

			En progression ou en régression ?
Mon activité physique	• Réveil corporel • Marche quotidienne (5 000 pas par jour) • Sport doux (yoga, Pilates, stretching…) • Sport d'équipe (volley, tennis, badminton…) • Sport cardio (running, vélo, body attack…) • Sport de renforcement musculaire (fitness…) • Au moins 2 ou 3 séances par semaine • Plaisir dans le sport		
Mon sommeil	• Heure du coucher • Heure du lever • Quantité de sommeil • Qualité de l'endormissement • Qualité du sommeil • Énergie au réveil • Énergie dans la journée		
Ma santé	• Temps de respiration • Santé physique générale du corps • Comportement avec l'alcool • Comportement avec le tabac • Comportement avec les médicaments		
	Votre score total de vitalité :	.... **/260 points**	

Mes belles victoires

....

....

Ce qui a bien fonctionné

....

....

Ce qui n'a pas fonctionné

....

....

Ce qui m'a aidée

....

....

Ce qui m'a freinée

....

....

Ce que j'ai appris sur moi

....

....

Ce que je peux faire pour m'améliorer

....

....

Mon cahier Minceur
Mon cahier Minceur
Mon cahier Minceur
Mon cahier Ma grossesse et moi
Mon cahier Mon bébé et moi
Mon cahier Ventre plat
Spécial hommes
Mon cahier Ventre plat
Mon cahier La drague et moi
Mon cahier Le sexe et moi
Mon cahier 100% anti-âge
Mon cahier Détox
Mon cahier Yoga
Mon cahier Running
Mon cahier Abdos-fessiers
Mon cahier Veggie
Mon cahier Mon dressing idéal
Mon cahier Brûle-graisse
Mon cahier Pensée positive
Mon cahier Anti-stress
Mon cahier Forme et minceur après bébé
Mon cahier Régime paléo
Mon cahier Pilates
Mon cahier Beauté
Mon cahier Digital détox
Mon cahier Stop au sucre
Mon cahier Sans gluten
Mon cahier Fitness
Mon cahier Mincir avec la médecine chinoise
Mon cahier Yoga détox
Mon cahier Aquafitness
Mon cahier Beach body
Mon cahier Green détox
Mon cahier Body training
Mon cahier Régime tout cru
Mon cahier Méditation
Mon cahier Huiles essentielles
Mon cahier Boxe training
Mon cahier Mon chat & moi
Mon cahier Rangement feel good
Mon cahier Trail running
Mon cahier Yoga méditation
Mon cahier Soft fitness
Mon cahier Body minceur
Mon cahier Hair beauty
Mon cahier Jolie peau
Mon cahier Fitness food
Mon cahier Danse pilates
Mon cahier Hygge happy thérapie
Mon cahier Yoga sculpt
Mon cahier Tatouage
Mon cahier Yoga flow
Mon cahier Obstacle training
Mon cahier Perfect timing
Mon cahier Super organisée
Mon cahier Mon bullet agenda
Mon cahier Bullet agenda
Mon cahier Minceur healthy
Mon cahier Minceur zéro sucre
Mon cahier Stop smoking
Mon cahier Ayurveda
Mon cahier Vélo training
Mon cahier Défi voyage solo
Mon cahier HIIT
Mon cahier Cristal power

MON CAHIER MACADAMTRAINING
MON CAHIER OBJECTIF MINCEUR EN 12 SEMAINES
MON CAHIER MES 100 MODÈLES BULLET AGENDA
MON CAHIER BAIN DE FORÊT
MON CAHIER ATTITUDE BODY POSITIVE
MON CAHIER PILATES INTENSIF
MON CAHIER PILATES BOOTY
MON CAHIER RITUEL POWER
MON CAHIER LUNE
MON CAHIER MASSAGE
MON CAHIER IKIGAI
MON CAHIER OBJECTIF MINCEUR EN 12 SEMAINES
MON CAHIER MARIAGE
MON CAHIER GREEN POWER
MON CAHIER SOPHRO
MON CAHIER OBJECTIF ZÉRO SUCRE EN 12 SEMAINES
MON CAHIER PILATES MINCEUR
MON CAHIER GAINAGE
MON CAHIER ZÉRO DÉCHET
MON CAHIER TAROT
MON CAHIER OBJECTIF BIKINI EN 12 SEMAINES
MON CAHIER FIT & GREEN
MON CAHIER CARDIO-PILATES
MON CAHIER HUILES ESSENTIELLES AU FÉMININ
MON CAHIER GOOD VIBES
MON CAHIER OBJECTIF BUDGET EN 12 SEMAINES
MON CAHIER OBJECTIF TRAINING EN 12 SEMAINES
MON CAHIER OBJECTIF ZÉRO GRAS EN 12 SEMAINES
MON CAHIER FÉMININ SACRÉ
MON CAHIER COCOONING AVEC LES PLANTES
MON CAHIER YOGA FÉMININ
MON CAHIER MES RITUELS YOGA
MON CAHIER OBJECTIF BODY CHALLENGE EN 12 SEMAINES
MON CAHIER BODY SCULPT
MON CAHIER ASTRO
MON CAHIER YOGA DU VENTRE
MON CAHIER KUNDALINI YOGA
MON CAHIER ZÉRO GRAS
MON CAHIER HAPPY FEELINGS
MON CAHIER STRONG YOGA
MON AGENDA 2021
MON CAHIER 2021
MON CAHIER HIIT YOGA
MON CAHIER INTUITION
MON CAHIER HAPPY AT WORK
MON CAHIER ABDOS SCULPT
MON CAHIER YOGA MINCEUR
MON CAHIER PILATES DÉTOX
MON CAHIER MÉDITATION AVEC LE SON
MON CAHIER GLOW
MON CAHIER CHAMANE

LES BEAUTIFUL GIRLS,
C'EST TOUTE UNE COMMUNAUTÉ !

Retrouvez plein de bonus, de conseils feel good, des recettes, des trainings, et des actus tendance **MADE BY MON CAHIER !**

Un lieu rien que pour vous :

http://mylifeisbeautiful.fr/

Une communauté de filles stylées :

VOUS DÉCHIREZ

mylifeisbeautiful.fr mylifeisbeautiful.fr

Direction : Jean-Louis Hocq
Direction éditoriale : Marion Guillemet-Bigeard
Édition : Gwladys Greusard
Maquette : Sophie Delannoy
Conception et mise en couleur de la couverture : Stéphanie Brepson
Correction : Christine Cameau
Mise en pages : Nord Compo
Fabrication : Laurence Duboscq

MIXTE
Papier issu de sources responsables
FSC® C003309

© Éditions Solar, 2021, Paris

Tous droits de traduction, d'adaptation et de reproduction par tous procédés, réservés pour tous pays.

ISBN : 978-2-263-17468-1
Code éditeur : L17468
Dépôt légal : juin 2021

Imprimé en France par Clerc
94, rue de la Brasserie, 18200 Saint-Amand-Montrond

SolarEditions
solar_editions

mylifeisbeautiful.fr
mylifeisbeautiful.fr

http://www.mylifeisbeautiful.fr/

Solar, un département d'Edi8
92, avenue de France, 75013 Paris